Gezielt fördern 5/6

Lesetraining

Lesen üben
Texte erschließen

Erarbeitet von
Katrin Boyke, Christiane Robben,
Ellen Schulte-Bunert

Inhaltsverzeichnis

Der Textknacker – Schritt 1: die Bilder

Übungen zu Konzentration und Lesetechnik 4
Die Lesetexte: Verschiedene Musikinstrumente 6
        Im Tonstudio 8
        Der Tontechniker 10

Der Textknacker – Schritt 2: die Überschrift

Übungen zu Konzentration und Lesetechnik 12
Die Lesetexte: Woher die Baumwolle kommt 14
        Die Ernte der Baumwolle 16
        Stoffe herstellen und verarbeiten 18

Der Textknacker – Schritt 3: die Absätze

Übungen zu Konzentration und Lesetechnik 20
Die Lesetexte: Englische Wörter im täglichen Leben 22
        Englisch ist eine Weltsprache 24
        Vier Bezeichnungen für eine Sprache 26

Der Textknacker – Schritt 4: die Schlüsselwörter

Übungen zu Konzentration und Lesetechnik 28
Die Lesetexte: Die Fledermäuse 30
        So lebt die Fledermaus 32
        Eine bedrohte Tierart 34

Der Textknacker – Schritt 5: die unbekannten Wörter

Übungen zu Konzentration und Lesetechnik 36
Die Lesetexte: Carlos erzählt von seinem Leben 38
                Die Kinderarbeit 40
                Kinder arbeiten in verschiedenen Regionen 42

Den Textknacker wiederholen

Übungen zu Konzentration und Lesetechnik 44
Die Lesetexte: Einkaufen heute 46
                Einkaufen im Mittelalter 48

Eine Geschichte mit dem Textknacker lesen (1)

Übungen zu Konzentration und Lesetechnik 52
Die Lesetexte: Die Geschichte von Philipp 54
                Fortsetzung 56

Eine Geschichte mit dem Textknacker lesen (2)

Übungen zu Konzentration und Lesetechnik 58
Die Lesetexte: Die Geschichte von Uwe 60
                Fortsetzung 62

Übungen zu Konzentration und Lesetechnik

Genau hinsehen und vergleichen

1 Welches Schattenbild gehört zu dem Schlagzeug?
Trage die richtige Nummer ein.

Schatten Nummer ☐

Genau hinsehen und vergleichen

2 Hier findest du vier verschiedene Buchstaben.
a) Wie oft kommt jeder Buchstabe vor?
   Zähle möglichst schnell.
b) Trage die Zahlen ein.

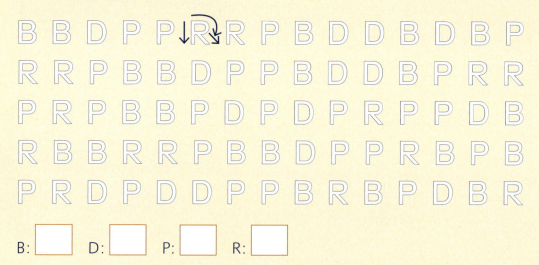

B: ☐   D: ☐   P: ☐   R: ☐

c) Spure alle R farbig nach.

Schnell und fehlerfrei lesen

3 Kurze Wörter kannst du leichter lesen.
Du kannst sie meistens mit einem Blick erfassen.
a) Lies die Wörter von oben nach unten.
   Lies die Wörter leise für dich. Trainiere die Geschwindigkeit.
b) Lies die Wörter jetzt laut. Lies möglichst schnell.

du	da	immer
bei	jetzt	Ende
ein	Glück	also
der	heute	gern
dein	dich	sagen
aber	nicht	Text
oder	lesen	nein
weil	viel	wichtig
wissen	bald	weil
weiter	gleich	beide
dann	nein	offen
hier	Schule	hoffen
der	Tasche	Apfel
neu	lachen	Stunde
als	machen	laut
Haus	nie	haben
laufen	schnell	endlich
und	schön	freundlich
Wort	fahren	richtig
Woche	Zahl	besser
jeder	zählen	Kreis

c) Kannst du noch schneller lesen, ohne einen Fehler zu machen?
   Lies die Wörter noch einmal laut.

Der Textknacker – Schritt 1: die Bilder

Verschiedene Musikinstrumente

1. **Musik** besteht aus Tönen. **Töne** macht man
2. **mit der Stimme** oder **mit Musikinstrumenten**.
3. Es gibt verschiedene Musikinstrumente,
4. zum Beispiel die Trommel oder die Gitarre.
5. Bei diesen Musikinstrumenten entstehen die Töne
6. auf unterschiedliche Art.

7. **Die Trommel** zum Beispiel
8. ist ein Schlaginstrument.
9. Es gibt große und kleine **Trommeln**.
10. Man schlägt mit Stäben
11. auf die Trommeln.
12. So kann man **tiefe und hohe Töne** spielen.

13. **Die Gitarre** ist ein Saiteninstrument.
14. Die **Saiten** sind lang und unterschiedlich dick.
15. Einige sind mit Draht umwickelt. Man zupft
16. die Saiten und kann so **ein Lied spielen**.

eine Trommel

eine Gitarre

Der **Textknacker** hilft dir, den Text zu lesen und zu verstehen.

Die **Bilder** erzählen etwas über den Inhalt des Textes.

Sieh die Bilder an!

1 a) Sieh die Bilder genau an.
b) Was siehst du auf den Bildern?
Kreuze an.

☐ zwei Tiere   ☐ zwei Musikinstrumente   ☐ zwei Fahrzeuge

Die **Bildunterschriften** sagen,
was du auf den Bildern sehen kannst.

Lies die Bildunterschrift!

2 a) Lies die Bildunterschriften.
b) Vervollständige den Satz.

Auf den Bildern sehe ich _____ und

_____ .

**Du hast die Bilder genau angesehen und
die Bildunterschriften gelesen.**

3 Worum geht es vermutlich in dem Text?
Kreise die passenden Wörter ein.
Tipp: Es sind zwei.

Auto   Musikinstrumente   Eis

Musik   Hund   Schule

4 Lies den Text jetzt leise für dich.

5 Welche Musikinstrumente werden im Text genannt?
Markiere sie.

6 Schreibe die Namen der Musikinstrumente
zu der passenden Erklärung.

_____: ein Saiteninstrument

_____: ein Schlaginstrument

**Du hast den Text genau gelesen.
Jetzt kannst du den Inhalt wiedergeben.**

7 Vervollständige die Sätze.
Tipp: Die Wörter und Wortgruppen in der Randspalte helfen dir.

A) Musik besteht _____.

B) Töne macht man _____ oder

_____.

C) Man schlägt mit Stäben auf _____.

D) Bei der Gitarre zupft man _____.

ABC
aus Tönen
mit der Stimme
mit Instrumenten
die Trommeln
die Saiten

7

Der Textknacker – Schritt 1: die Bilder

Im Tonstudio

1. Manchmal wollen Musiker **Lieder**
2. für eine CD **aufnehmen**.
3. Dazu gehen sie in ein Tonstudio.

4. Im Tonstudio spielen **die Musiker**
5. das Lied **vor einem Mikrofon**.
6. Das Mikrofon leitet **die Töne**
7. weiter **zum Tonbandgerät**.
8. In dem Tonbandgerät steckt ein Tonband.
9. Das Tonbandgerät nimmt die Töne
10. **auf das Tonband auf**.

11. Nun ist das Lied auf dem Tonband und
12. man kann es für eine CD bearbeiten.

der Musiker

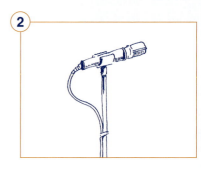

Der **Textknacker** hilft dir, den Text zu lesen und zu verstehen.

Die **Bilder** erzählen etwas über den Inhalt des Textes.

1 a) Sieh die Bilder genau an.
   b) Welche Wortgruppen passen zu den Bildern?
      Kreise sie ein.

Sieh die **Bilder** an!

- Flöte üben
- Gitarre spielen
- den Text abschreiben
- Musik machen
- ein Lied aufnehmen

Die **Überschrift** sagt etwas über den Inhalt des Textes.

2 a) Lies die Überschrift.
   b) Vermute, welche Frage der Text beantworten kann.
      Kreuze an.

☐ Wie kommt man zum Tonstudio?

☐ Was passiert im Tonstudio?

☐ Wer wohnt neben dem Tonstudio?

Lies die **Überschrift**!

3 Lies den Text jetzt leise für dich.

Manche **Bilder** helfen, unbekannte Wörter zu verstehen.

4 Die Bilder helfen, folgende Wörter zu verstehen:
das Mikrofon, das Tonbandgerät.
a) Finde die Wörter im Text.
b) Markiere den ganzen Satz.
Tipp: Die Wörter kommen mehrmals vor.

Die **Bildunterschriften** sagen, was du auf den Bildern sehen kannst.

5 Bei zwei Bildern fehlen die Bildunterschriften.
Ergänze sie.
Tipp: Die Wörter von Aufgabe 5 helfen dir.

6 Ordne jedem Wort die richtige Bedeutung zu.
Verbinde mit einem Strich.

das Mikrofon   Es nimmt die Töne auf ein Tonband auf.

das Tonbandgerät   Es leitet die Töne an das Tonbandgerät weiter.

Du hast den Text verstanden.
Jetzt kannst du die Reihenfolge bestimmen.

7 Was passiert nacheinander in einem Tonstudio?
a) Nummeriere die Sätze in der richtigen Reihenfolge.

( ) Das Tonbandgerät nimmt die Töne auf.   -E-

(*1*) Die Musiker spielen das Lied.   -L-

( ) Das Lied ist auf dem Tonband.   -D-

( ) Das Mikrofon leitet die Töne weiter.   -I-

b) Die gelben Buchstaben nach jedem Satz ergeben
in der richtigen Reihenfolge ein Lösungswort: das ☐☐☐☐ .
c) Schreibe die Sätze in der richtigen Reihenfolge
in dein Heft.

Starthilfe
Im Tonstudio
Die Musiker …

Der Textknacker – Schritt 1: die Bilder

Der Tontechniker

1. **Ein Tontechniker** arbeitet in einem Tonstudio.
2. Damit der Tontechniker die Instrumente gut hört,
3. trägt er meistens **Kopfhörer**.
4. Vor dem Tontechniker steht **ein Mikrofon**.
5. Er kann damit zu den Musikern sprechen.
6. Neben dem Tontechniker steht **das Tonbandgerät**.
7. In dem Tonbandgerät steckt das Tonband.
8. Der Tontechniker **hört das Tonband** ab.
9. Er sitzt **an einem Mischpult**. Mit dem Mischpult
10. kann der Tontechniker **die Töne verändern**.
11. Er kann die Töne zum Beispiel schneller oder
12. langsamer machen. Er mischt die Töne so lange,
13. bis das Lied gut klingt. Erst dann ist das **Lied fertig** für die CD.

der Tontechniker
die Kopfhörer

das Mischpult

Der **Textknacker** hilft dir, den Text zu lesen und zu verstehen.

Das **Bild** erzählt etwas über den Inhalt des Textes.

1 a) Sieh das Bild genau an.
b) Schreibe die passenden Wörter und Wortgruppen aus der Randspalte in die Lücken.

Sieh **das Bild** an!

An einem Tisch sitzt ein Mann. Es ist _____.

Er trägt auf dem Kopf _____.

Vor dem Tontechniker ist _____.

ABC

der Tontechniker
die Kopfhörer
das Mischpult

2 Vermute, welche Frage der Text beantworten kann. Kreuze an.

☐ Wie baut man ein Musikinstrument?

☐ Wer hat das Tonbandgerät erfunden?

☐ Was macht der Tontechniker?

3 Lies den Text jetzt leise für dich.

Du hast den Text genau gelesen und
das **Bild** angesehen.

4 Was genau siehst du auf dem Bild?
Schreibe die passenden Wörter auf die Linien.
Tipp: Die Wörter in der Randspalte helfen dir.

ABC

der Tontechniker
das Mikrofon
das Mischpult
die Kopfhörer

Du hast den Text verstanden.
Jetzt kannst du die Fragen beantworten.

Stelle W-Fragen!
Wer? Was?
Wann? Wo?
Warum? Wie?

5 Beantworte die Fragen zum Text.
Schreibe Stichwörter auf.

A) **Wer** arbeitet in einem Tonstudio?

_____

B) **Warum** trägt der Tontechniker einen Kopfhörer?

_____

C) **Was** macht der Tontechniker mit einem Mischpult?

_____

 Extraportion

6 Was passiert in einem Tonstudio?
Erzähle einem Freund/einer Freundin, was du gelesen hast.
Tipp: Die Wörter in der Randspalte helfen dir.

ABC

ein Lied spielen
das Tonbandgerät
der Tontechniker
am Mischpult

11

Übungen zu Konzentration und Lesetechnik

Augengymnastik

1 a) Verfolge die Linien mit den Augen. Halte deinen Kopf ganz ruhig. Verwende nicht deine Finger. Halte bei jedem Bild kurz an.
b) Wiederhole fünfmal.

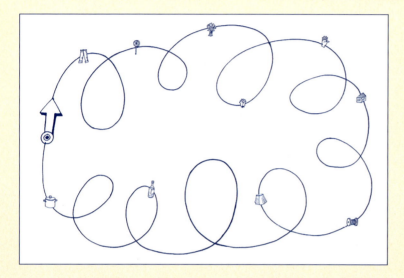

Genau hinsehen und vergleichen

2 Hier findest du zwei verschiedene Buchstaben.
a) Wie oft kommt jeder Buchstabe kleingeschrieben vor?
Wie oft kommt jeder Buchstabe großgeschrieben vor?
Zähle möglichst schnell.
b) Trage die Zahlen ein.

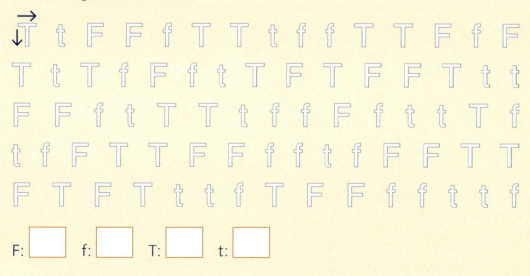

F: ☐ f: ☐ T: ☐ t: ☐

c) Spure alle T farbig nach.

Genau hinsehen – Schriften vergleichen

3 a) Vergleiche die Schriften der Wortgruppen.
Sieh genau hin.
b) Verbinde gleiche Schriften mit einem Strich.

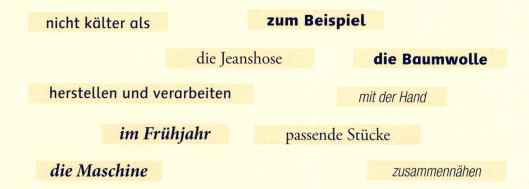

Genau hinsehen – Buchstabengruppen im Wort finden

4 a) In welchen Wörtern gibt es die Buchstabengruppe ver?
Markiere alle ver mit einer Farbe.
Tipp: Du findest sie nicht in allen Wörtern.

verarbeiten	Vitrine	vorbereiten	Verrat	vier
versuchen	verrühren	Vorrat	Violine	vorher
voll	verraten	vermuten	vornehm	vielleicht
Vorbereitung	Verkäuferin	vorführen	verlieren	
vorbei	versalzen	Vulkan	vorlesen	vorsichtig
Vogel	vorgestern	verbrennen	Villa	vergessen
Vorfreude	verbieten	Vater	Verkäufer	viel

b) In welchen Wörtern gibt es die Buchstabengruppe vor?
Markiere alle vor mit einer anderen Farbe.

Der Textknacker – Schritt 2: die Überschrift

Woher die Baumwolle kommt

1. **Eine Jeanshose** besteht **aus Stoff**.
2. Den Stoff macht man **aus Baumwolle**.
3. Baumwolle bekommt man von einer Pflanze,
4. dem **Baumwollstrauch**.
5. Felder mit Baumwollsträuchern
6. findet man **in warmen Ländern**.
7. Dort darf es nicht kälter als 18 °C sein.
8. Bei etwa **30 °C** fühlt sich die Pflanze
9. am wohlsten.
10. Der Baumwollstrauch wächst
11. zum Beispiel in **China**, in **Brasilien**,
12. in der **Türkei**, in **Indien** und in den **USA**.
13. Aus Baumwolle kann man nicht nur **Stoff**,
14. sondern zum Beispiel auch **Watte** machen.

Länder, in denen Baumwolle wächst

Der **Textknacker** hilft dir, den Text zu lesen und zu verstehen.

Die **Bilder** erzählen etwas über den Inhalt des Textes.

Sieh die Bilder an!

1 a) Sieh die Bilder genau an.
   b) Was siehst du auf dem ersten Bild? Kreuze an.

☐ einen Baum ☐ eine Blume ☐ einen Strauch

   c) Was siehst du auf dem zweiten Bild?

☐ einen Stadtplan ☐ eine Landkarte ☐ einen Fahrplan

Die **Überschrift** sagt etwas über den Inhalt des Textes.

Lies die Überschrift!

2 Lies die Überschrift.

3 Schreibe die Überschrift als Frage auf.
   Stelle dazu die Wörter der Überschrift einfach um.

Woher _____ ?

Du hast die **Bilder** genau angesehen und
die **Überschrift** gelesen.

4 Worum geht es vermutlich in dem Text?
Schreibe mindestens zwei Stichwörter auf.

_____

> **Stichwörter:**
> einzelne Wörter oder Wortgruppen aus dem Text

5 Lies den Text jetzt leise für dich.

6 Schreibe eine passende Bildunterschrift unter das erste Bild.

| der Haselnussstrauch | der Baumwollstrauch | der Johannisbeerstrauch |

7 Im Text werden Zahlen genannt.
a) Markiere die Zahlen im Text.
b) Was bezeichnen sie?
   Kreuze an.

☐ eine Größe   ☐ ein Alter   ☐ eine Temperatur

8 a) Wo wächst der Baumwollstrauch?
       Markiere im Text die Namen der Länder.
    b) Was ist das Besondere an diesen Ländern?
    Tipp: Lies noch einmal den zweiten Absatz.
    Schreibe Stichwörter auf.

_____

_____

9 Welche Wörter passen in die Reihe?
a) Lies noch einmal den ersten Absatz.
b) Trage die passenden Wörter ein.

Baumwollstrauch → _____ → Stoff → _____

15

Der Textknacker – Schritt 2: die Überschrift

Die Ernte der Baumwolle

1 **Im Frühjahr** werden **Baumwollsamen** ausgesät.
2 Daraus wachsen Baumwollsträucher.
3 Bis zur **Ernte** der Baumwolle dauert es
4 etwa **neun Monate**.

5 Die **Baumwolle** gewinnt man **aus den Blüten**
6 **Baumwollstrauchs**. Sind die Blüten verblüht,
7 **platzen die Samenkapseln auf**.
8 Aus den Kapseln quellen **Fasern**. Diese Fasern
9 sehen aus wie **ein weißer Wattebausch**.
10 Das ist **die Baumwolle**.
11 Früher pflückte man die Kapseln mit der Hand.
12 Heute benutzt man dafür meistens Maschinen.

13 Aus der Baumwollpflanze kann man auch **Viehfutter**, **Düngemittel**
14 und **Öl** herstellen. Das Öl kann man zum Beispiel **zum Kochen**
15 benutzen. Man braucht es auch, um **Margarine und Seife** herzustellen.

Der **Textknacker** hilft dir, den Text zu lesen und zu verstehen.

Die **Bilder** erzählen etwas über den Inhalt des Textes.

Sieh die **Bilder** an!

❶ Sieh die Bilder genau an. Was zeigen die Bilder?
   Schreibe den richtigen Satz auf.

Die Bilder zeigen,
A) wo Baumwollsträucher wachsen.
B) wie man Baumwolle gewinnt.
C) was man aus Baumwolle machen kann.

Die Bilder zeigen, _____

❷ Hier siehst du noch einmal Teile des Baumwollstrauchs.
   Schreibe die passenden Wörter aus der Randspalte auf die Linie.

die Blüte
die Samenkapsel
die Fasern

Die Überschrift sagt etwas über den Inhalt des Textes.

Lies die Überschrift!

③ Lies die Überschrift.

Du hast die Bilder genau angesehen und die Überschrift gelesen.

④ Worum geht es vermutlich in dem Text? Kreuze an.

☐ Der Text informiert darüber, wo Baumwollsträucher wachsen.
☐ In dem Text geht es darum, wie man aus Baumwolle Stoffe macht.
☐ Der Text erklärt, wie man Baumwolle gewinnt.

⑤ Lies den Text jetzt leise für dich.

⑥ Die folgenden Sätze stehen so ähnlich im Text.
Finde die passenden Sätze im Text. Schreibe sie auf die Linien.

A) Es dauert ungefähr neun Monate bis zur Ernte der Baumwolle.

_____

B) Die Samenkapseln platzen auf, wenn die Blüten verblüht sind.

_____

_____

⑦ Beantworte die Fragen zum Text.
Schreibe ganze Sätze.

A) **Wann** werden Baumwollsamen ausgesät?

Baumwollsamen werden _____

B) **Wie** sehen Baumwollfasern aus?

Baumwollfasern _____

Der Textknacker – Schritt 2: die Überschrift

Stoffe herstellen und verarbeiten

1. **Zuerst reinigt** man **die Fasern** der Baumwolle.
2. Dann **drehen Spinnmaschinen** die einzelnen Fasern
3. **zu Garn** zusammen. Dies geschieht **in der Spinnerei**.
4. Als es noch keine elektrischen Maschinen gab,
5. wurde Garn mit der Hand gemacht. Dazu verwendete man
6. **ein Spinnrad**. Man drehte die Fasern
7. mit dem Spinnrad zusammen und wickelte sie auf.

8. Große Webstühle weben aus dem fertigen Garn **Stoffe**.
9. Das geschieht **in Webereien**. Möchte man **farbige Kleidung**,
10. muss man **das Garn** oder **den fertigen Stoff färben**.

11. Aus dem Stoff kann man **verschiedene**
12. **Kleidungsstücke** nähen, zum Beispiel Röcke,
13. Tücher, Hemden und – Jeanshosen. Dazu schneidet man
14. den Stoff **in passende Stücke. Aus mehreren Stoffstücken**
15. näht man dann mit einem Faden **die Jeanshose** zusammen.

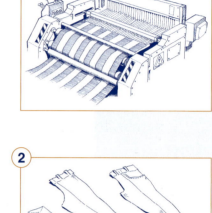

Der **Textknacker** hilft dir, den Text zu lesen und zu verstehen.

Die **Bilder** erzählen etwas über den Inhalt des Textes.

❶ a) Sieh die Bilder genau an.
   b) Schreibe zum ersten Bild eine passende Bildunterschrift auf.

① _____

Sieh die **Bilder** an!

die Stoffstücke für eine Jeanshose

die Spinnmaschine und der Webstuhl

Die **Überschrift** sagt etwas über den Inhalt des Textes.

❷ Lies die Überschrift.

Lies die **Überschrift**!

❸ Woraus werden Stoffe vermutlich hergestellt und wozu werden sie verarbeitet?
Überlege, was du aus den zwei vorherigen Texten schon weißt.
Ergänze die Überschrift.

Stoffe aus _____ **herstellen und**

zu _____ **verarbeiten**

Düngemittel
Jeanshosen
Samen
Baumwolle
Viehfutter

Du hast die Bilder genau angesehen und die Überschrift gelesen.

4 Worum geht es vermutlich in dem Text?
Schreibe mindestens zwei Stichwörter auf.

_____

Stichwörter: einzelne Wörter oder Wortgruppen aus dem Text

5 Lies den Text jetzt leise für dich.

6 Was bedeuten diese Sätze?
Kreuze die richtige Bedeutung an.

Zuerst reinigt man die Fasern der Baumwolle. (Zeile 1)

☐ Zuerst färbt man die Fasern der Baumwolle weiß.

☐ Zuerst macht man die Fasern der Baumwolle sauber.

Dazu verwendete man ein Spinnrad. (Zeile 5-6)

☐ Dazu benutzte man ein Spinnrad.

☐ Dazu nähte man ein Spinnrad zusammen.

🍬 Extraportion

7 Eine Jeanshose wird aus Baumwolle gemacht.
Was passiert nacheinander?
a) Nummeriere die Sätze in der richtigen Reihenfolge.
b) Die gelben Buchstaben nach jedem Satz ergeben
in der richtigen Reihenfolge ein Lösungswort: die ☐☐☐☐☐.

◯ Die Stoffstücke werden zu einer Jeanshose zusammengenäht. -E-

◯ Die Fasern werden zu Garn zusammengedreht. -L-

◯ Aus dem Garn weben Webstühle den Stoff. -Ü-

◯ Der Stoff wird in passende Stücke geschnitten. -T-

◯ Die Fasern werden gereinigt. -B-

Übungen zu Konzentration und Lesetechnik

Genau hinsehen – Fehler finden

1 In jeder Buchstabenreihe ist ein Buchstabe versteckt,
der nicht in die Reihe passt.
a) Kreise den Buchstaben ein.
b) Schreibe ihn in das Kästchen am Ende der Reihe.

RRRRRRRRRRRRRRRRRRRRRRRARRRRRRRRRRRRRRRRRRRRRRRR ☐

vvvvvvvvvvvrvvvvvvvvvvvvvvvvvvvvvvvvvvvvvvvvvvvv ☐

ooooooooooooooooooooooooooaooooooooooooooooooooooooo ☐

bddddddddddddddddddddddddddddddddddddddddddddddd ☐

jjjjjjjjjjjjjjjjjjjjjjjjjjjijjjjjjjjjjjjjjjjjjjjjjjjjjjjjjjj ☐

zzzzzzzzzzzzzzzzzzzzzzzzzzzszzzzzzzzzzzzzzzzzzzzzzzzzzzzz ☐

sssssssssssssssssssssssssscssssssssssssssssssssssssssssss ☐

kkkkkkkkkkhkkkkkkkkkkkkkkkkkkkkkkkkkkkkkkkkkkkkkk ☐

PPPPPPPPPPPPPPPPPPPPPPPPPPPPPPPPPPPPPPPPPPPPPPPD ☐

aaaaaaeaaaaaaaaaaaaaaaaaaaaaaaaaaaaaaaaaaaaaaaaa ☐

vvvvvvvvvvvvvvvvvuvvvvvvvvvvvvvvvvvvvvvvvvvvvvvvv ☐

ffffffffffffftffffffffffffffffffffffffffffffffffffffffffffffffffff ☐

cccccccscccccccccccccccccccccccccccccccccccccccccc ☐

eeeeeeeeeeeeeeeeeeeeeeeeeeeceeeeeeeeeeeeeeeeeeeeeee ☐

bbbbbbbbbbbbbbbbbhbbbbbbbbbbbbbbbbbbbbbbbbbbbbbb ☐

c) Lies die Buchstaben in den Kästchen von oben nach unten.
d) Schreibe auf, welche Sprachen Hanin spricht:

Hanin spricht _____ und _____ .

Augengymnastik

② Was heißt Guten Morgen in anderen Sprachen?
 a) Verfolge die Linien mit den Augen.
    Benutze nicht deine Finger.
 b) Trage die passenden Zahlen ein.

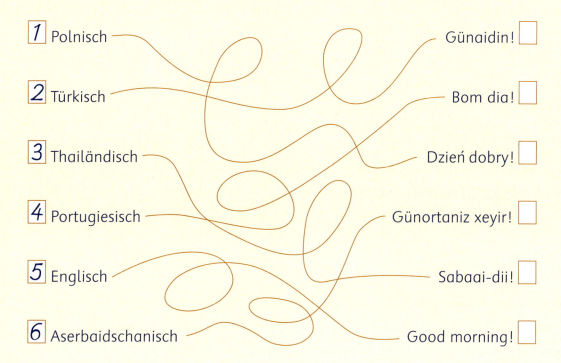

1 Polnisch — Günaidin! ☐
2 Türkisch — Bom dia! ☐
3 Thailändisch — Dzień dobry! ☐
4 Portugiesisch — Günortaniz xeyir! ☐
5 Englisch — Sabaai-dii! ☐
6 Aserbaidschanisch — Good morning! ☐

Lesen trotz Hindernis

③ Schaffst du es, die folgenden Wörter zu lesen?
 a) Lies die Wörter.

| Beruf | Englisch | Erfolg | Lied |
| Musik | Schule | Sprache | Wörter |

b) Schreibe die Wörter auf.

_____

_____

Der Textknacker – Schritt 3: die Absätze

Englische Wörter im täglichen Leben

1. **Überall** finden wir **englische Wörter**:
2. in der Schule, im Beruf, beim Einkaufen und zu Hause.
3. Wenn wir **den Computer benutzen**,
4. kommen wir ohne die englische Sprache nicht aus.
5. Wir benutzen **das Internet** und wir schreiben **E-Mails**.

6. Wir brauchen englische Wörter **täglich**,
7. zum Beispiel auch, wenn wir **über Musik reden**.
8. Wir hören **Songs** auf unserem **CD-Player**.
9. Wenn ein Lied viel Erfolg hat, wird es **ein Hit**.
10. Und eine gute Musikgruppe hat **viele Fans**.

Der **Textknacker** hilft dir, den Text zu lesen und zu verstehen.
Beachte zunächst die ersten beiden Schritte.

- Sieh die **Bilder** an.
- Lies die **Überschrift**.

Die **Absätze** gliedern den Text.

❶ Der Text hat zwei Absätze.
Nummeriere die Absätze.
Schreibe die Zahlen in die Kästchen.

In einem **Absatz** steht, was zusammengehört.

❷ Lies die beiden Absätze.

❸ Schreibe zu jedem Absatz eine passende Überschrift.
Tipp: Du kannst eine Überschrift auswählen oder dir selbst eine Überschrift ausdenken.

Zähle die **Absätze**!

| Rund um den Computer | Rund um die Musik |

**Wichtige Wörter sind im Text hervorgehoben.
Es sind Schlüsselwörter.**

Lies die Schlüsselwörter!

4 Schreibe zu jedem Absatz die Schlüsselwörter auf.

1. Absatz: *überall,* _____

_____

2. Absatz: _____

_____

5 In der Randspalte findest du englische Wörter.
Welche passen in den ersten Absatz, welche in den zweiten?
Schreibe sie auf die richtige Linie.

ABC
die Mailbox
die Homepage
die Boygroup
der MP3-Player

1. Absatz: _____

2. Absatz: _____

6 Was bedeuten diese Sätze?
Kreuze die richtige Bedeutung an.

Englische Wörter finden wir im täglichen Leben. (Überschrift)

☐ Englische Wörter finden wir im normalen Leben, überall.

☐ Englische Wörter gibt es nur am Tag und nicht in der Nacht.

Wir kommen ohne die englische Sprache nicht aus. (Zeile 4)

☐ Wir können kein Englisch.

☐ Wir brauchen kein Englisch.

☐ Wir müssen Englisch können.

Wenn ein Lied viel Erfolg hat, … (Zeile 9)

☐ Wenn niemand das Lied hört, …

☐ Wenn viele Menschen das Lied hören und die CD kaufen, …

23

Der Textknacker – Schritt 3: die Absätze

Englisch ist eine Weltsprache

1. ☐ 6 Milliarden* Menschen leben auf der Welt.
2. Mehr als **2 Milliarden* Menschen** können **Englisch sprechen**.
3. Das ist jeder dritte Mensch. Etwa 480 Millionen* Menschen haben
4. Englisch **als erste Sprache** von ihren Eltern gelernt. Alle anderen,
5. das sind etwa 1,6 Milliarden* Menschen, haben Englisch
6. **als zweite Sprache** gelernt – meistens in der Schule.

7. ☐ Warum ist Englisch **eine Weltsprache**?
8. Das hat **verschiedene Gründe**:
9. – Englisch wird **von sehr vielen Menschen** gesprochen.
10. – Englisch wird auch von sehr vielen Menschen
11. **in vielen Ländern** verstanden.
12. – Englisch wird von vielen Schülern **als Fremdsprache** gelernt.
13. – Englisch wird **in Firmen und bei Konferenzen**[1] gesprochen,
14. wenn Menschen aus verschiedenen Ländern sich treffen.

Der **Textknacker** hilft dir, den Text zu lesen und zu verstehen.

Ein **Bild** erzählt etwas über den Inhalt des Textes.
Die **Überschrift** sagt etwas über den Inhalt des Textes.

Sieh das **Bild** an!

Lies
die **Überschrift**!

1 Worum geht es vermutlich in dem Text?
   a) Sieh das Bild genau an.
   b) Lies die Überschrift.
   c) Schreibe mindestens zwei Stichwörter auf.

---

* 6 Milliarden: 6 000 000 000; 2 Milliarden: 2 000 000 000;
480 Millionen: 480 000 000; 1,6 Milliarden: 1 600 000 000
1 die Konferenz, die Konferenzen: ein Gespräch zu einem bestimmten Thema, zum Beispiel
die Zeugniskonferenz
→ Schreibe die Wörter und ihre Bedeutungen in dein Heft ab.

**Die Absätze gliedern den Text.
In einem Absatz steht, was zusammengehört.**

Zähle die **Absätze**!

2 Der Text hat zwei Absätze.
Nummeriere die Absätze.
Schreibe die Zahlen in die Kästchen.

3 Lies die beiden Absätze.

4 Im zweiten Absatz werden vier Gründe genannt,
warum Englisch eine Weltsprache ist.
Markiere die Sätze.

**Manche Sätze sind schwer zu lesen und zu verstehen.
Du kannst sie vereinfachen.**

5 Hier stehen noch einmal die vier Gründe,
warum Englisch eine Weltsprache ist.
Vereinfache die Sätze.

A) Englisch **wird** von vielen Menschen **gesprochen**.
B) Englisch **wird** von vielen Menschen **verstanden**.
C) Englisch **wird** von vielen Schülern als Fremdsprache **gelernt**.
D) Englisch **wird** von vielen Menschen bei Konferenzen **gesprochen**.

A) *Viele Menschen sprechen Englisch.*

B) _____

C) _____

D) _____

ABC
sprechen
verstehen
lernen

**Du hast den Text verstanden.
Jetzt kannst du den Inhalt zusammenfassen.**

6 Warum ist Englisch eine Weltsprache?
Begründe. Schreibe mindestens einen Satz.

Englisch ist eine Weltsprache, weil _____

_____

Der Textknacker – Schritt 3: die Absätze

Vier Bezeichnungen für eine Sprache

☐ _____

1 Vor 300 Jahren sprachen nur die Menschen in Irland, England und
2 Schottland Englisch. **Heute** ist die **englische Sprache**
3 auf der ganzen Welt verbreitet[1]. **Weltweit** sprechen
4 mehr als zwei Milliarden Menschen Englisch.
5 Daher bezeichnet[2] man Englisch als **eine Weltsprache**.

☐ _____

6 Außerhalb Europas ist **Englisch** heute zum Beispiel
7 in den USA, in Teilen Kanadas, in Australien und
8 in Neuseeland die **Muttersprache**. Das bedeutet,
9 die Menschen lernen Englisch
   als erste Sprache von ihren Eltern.

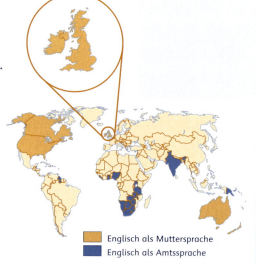

Englisch als Muttersprache
Englisch als Amtssprache

☐ _____

10 **In etwa 40 Ländern** der Erde gilt Englisch **als Amtssprache**.
11 Das heißt, man nutzt die Sprache bei Behörden[3],
12 in Urkunden[4], **in Schulbüchern oder im Fernsehen**. Englisch ist
13 zum Beispiel in vielen Ländern Afrikas und in Indien Amtssprache.

☐ _____

14 **Für viele Menschen** ist Englisch **eine Fremdsprache**.
15 Sie haben Englisch **in der Schule** gelernt oder lernen es gerade.
16 Und das geschieht in fast allen Ländern der Welt!

Der **Textknacker** hilft dir, den Text zu lesen und zu verstehen.
Beachte zunächst die ersten beiden Schritte.

- Sieh die **Bilder** an.
- Lies die **Überschrift**.

Die **Absätze** gliedern den Text.
In einem Absatz steht, was zusammengehört.

Zähle die **Absätze**!

❶ a) Lies die vier Absätze.
   b) Nummeriere sie.

1 verbreitet sein: da sein
2 bezeichnen: nennen; die Bezeichnung: der Name für eine Sache
3 die Behörde: eine staatliche Amtsstelle, zum Beispiel das Finanzamt oder das Sozialamt
4 die Urkunde: ein wichtiges Papier, zum Beispiel das Zeugnis oder der Pass
→ Schreibe die Wörter und die Bedeutungen in dein Heft ab.

❷ Schreibe zu jedem Absatz die richtige Überschrift.

Englisch als Muttersprache		Englisch als Amtssprache
	Englisch als Weltsprache	Englisch als Fremdsprache

Manche Wörter werden im Text erklärt.

Kläre unbekannte Wörter!

❸ Diese Wörter werden im Text erklärt:
Amtssprache, Fremdsprache und Muttersprache.
a) Markiere die Wörter im Text.
b) Verbinde nun die Wörter und die passende Erklärung mit einem Strich.

Die Muttersprache   lernen viele Menschen in der Schule.

Die Amtssprache   lernt man als erste Sprache.

Die Fremdsprache   benutzen Menschen bei Behörden, in Schulbüchern oder im Fernsehen.

❹ In welchen Ländern wird Englisch als Muttersprache gesprochen, in welchen Ländern wird Englisch als Amtssprache benutzt?
a) Markiere im Text die Namen aller Kontinente[1] und Länder.
b) Trage in jede Spalte zwei Beispiele ein.

Englisch als Muttersprache	Englisch als Amtssprache
_____	_____
_____	_____

🍬 **Extraportion**

❺ Was ist Englisch für dich: Muttersprache, Amtssprache oder Fremdsprache?
Schreibe auf und begründe.

---

[1] der Kontinent, die Kontinente: ein Erdteil, auf dem es viele verschiedene Länder gibt, zum Beispiel Europa ist ein Kontinent
→ Schreibe die Wörter und die Bedeutung in dein Heft ab.

Übungen zu Konzentration und Lesetechnik

Genau hinsehen

1 Wie viele Schals kannst du entdecken?
a) Sieh genau hin.
b) Trage die Anzahl in das Kästchen ein.

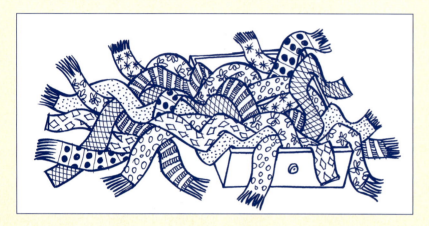

Es sind ☐ Schals.

Genau hinsehen und vergleichen

2 Am Anfang jeder Zeile steht eine Buchstabengruppe.
Du findest sie noch einmal in der Zeile.
a) Sieh dir jede Zeile genau an.
b) Kreise die gleiche Buchstabengruppe farbig ein.

rbs	rps	sbr	sqr	rbs	rds	rqs	sdr	rsp
wom	won	wam	mow	owm	maw	wom	mwo	wmo
bgy	dgy	bgy	byg	dyg	gdy	ygb	bpy	dpy
flt	lft	fjt	flt	tlf	lft	tfl	ftl	fjl
khn	nkh	knh	hnk	khm	hkn	nhk	hkm	khn
uwv	vwv	wvu	vuw	uvw	uwv	wuv	wvv	vwu
czy	czp	zcg	zcp	czd	czq	zcq	czy	czg
mnw	nwm	nmw	mmw	nmv	mnv	mnw	mwn	wmn

Eine Zahlenreihe ergänzen

3 Hier stehen die Zahlen von 1 bis 30. Es fehlen aber drei.
a) Finde heraus, welche Zahlen fehlen.
b) Trage sie in die Kästchen ein.

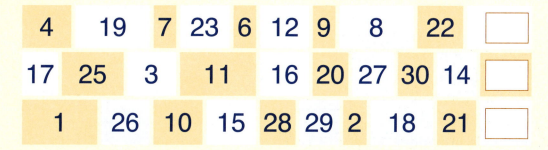

Wörter schnell finden

4 Die folgenden Wörter haben sich in den Reihen versteckt:

die Fledermaus   der Winter   fressen   trinken

a) Finde diese Wörter möglichst schnell.
   Markiere sie.

die Welt * der Igel * die Maus * klein * aussehen * die Flügel
die Jahre * die Fledermaus * verschieden * das Beispiel * lang
groß * ähnlich * der Name * die Mücken * der Winter * suchen
hängen * bewegen * atmen * essen * brauchen * der Sommer
fressen * das Leben * das Gift * die Fliegen * das Wasser * ruhig
hoch * die Bäume * alt * der Platz * nichts * schlafen * der Boden
die Insekten * der Schlamm * dadurch * genug * krank * trinken
der Bach * sterben * weniger * die Menschen * fehlen * der Teich

b) Finde möglichst schnell auch die folgenden Wörter.
   Markiere sie.

die Mücken   das Gift   schlafen   sterben

29

Der Textknacker – Schritt 4: die Schlüsselwörter

Die Fledermäuse

1. **Fledermäuse** gibt es **seit ungefähr 50 Millionen Jahren**.
2. Fledermäuse sind **keine Mäuse**.
3. Sie sind **mit dem Igel verwandt**.
4. Ihren Namen haben Fledermäuse wahrscheinlich daher,
5. weil sie so ähnlich aussehen wie Mäuse mit Flügeln.
6. Es gibt **ungefähr 1000 verschiedene Fledermausarten**
7. auf der Welt. In Europa leben
8. etwa 30 verschiedene Fledermausarten,
9. zum Beispiel **die Zwergfledermaus**.
10. Die Zwergfledermaus ist **besonders klein**.
11. Wenn sie ihre Flügel zusammenfaltet,
12. ist sie so klein **wie eine Streichholzschachtel**.

Der **Textknacker** hilft dir, den Text zu lesen und zu verstehen.
Beachte zunächst die folgenden Schritte.

- Sieh die **Bilder** an.
- Lies die **Überschrift**.
- Zähle die **Absätze**.

Die **Schlüsselwörter** im Text sind wichtig.
Sie sind hervorgehoben.

💡 Lies die **Schlüsselwörter**!

1 a) Finde die Schlüsselwörter im Text.
b) Wie sind sie hervorgehoben?
   Kreuze an.

☐ durch Farbe   ☐ durch **Fettdruck**   ☐ durch Unterstreichung

2 Schreibe alle Schlüsselwörter aus dem Text auf.

Fledermäuse, _____

_____

_____

_____

3 Worum geht es vermutlich in dem Text?
Schreibe drei Wortgruppen auf.

_____

_____

4 Lies den Text jetzt leise für dich.

5 Der Text nennt eine Fledermausart und ihre Besonderheit.
a) Markiere den Namen der Fledermausart im Text.
b) Schreibe ihren Namen und ihre Besonderheit in Stichwörtern auf.
Tipp: Die Schlüsselwörter helfen dir dabei.

Name: _____

Besonderheit: _____

Stichwörter:
einzelne Wörter oder Wortgruppen aus dem Text

**Du hast den Text genau gelesen.
Jetzt kannst du die richtigen Aussagen ankreuzen.**

6 Welche Aussagen sind richtig?
Kreuze an.

☐ Fledermäuse sind verwandt mit dem Igel.
☐ Fledermäuse sind verwandt mit der Maus.

☐ Die Zwergfledermaus ist klein, wenn sie ihre Flügel zusammenfaltet.
☐ Die Zwergfledermaus ist klein, wenn sie ihre Flügel ausbreitet.

7 Woher haben Fledermäuse ihren Namen?
Schreibe es in einem Satz auf.

_____

_____

Der Textknacker – Schritt 4: die Schlüsselwörter

So lebt die Fledermaus

1 Im Winter suchen sich Fledermäuse
2 **Schlupflöcher** für den **Winterschlaf**.
3 Dort **hängen** sie dann **an der Decke**.
4 Sie **bewegen sich nicht**, atmen kaum und
5 müssen deshalb auch nichts fressen.

6 Auch im Sommer brauchen sie **ruhige Plätze zum Schlafen**,
7 zum Beispiel hohle Bäume oder alte Dachböden.

8 Fledermäuse **fressen Insekten**, zum Beispiel
9 Mücken oder Fliegen. Deshalb muss es in der Nähe
10 ihrer Schlupflöcher genügend Insekten geben.
11 Außerdem brauchen Fledermäuse **Teiche oder Bäche**,
12 denn sie **trinken viel Wasser**, sonst trocknen sie aus.

Der **Textknacker** hilft dir, den Text zu lesen und zu verstehen.
Beachte zunächst die folgenden Schritte.

- Sieh die **Bilder** an.
- Lies die **Überschrift**.
- Zähle die **Absätze**.

Die **Schlüsselwörter** im Text sind wichtig.
Sie sind hervorgehoben.

> Lies die Schlüsselwörter!

❶ Schreibe alle Schlüsselwörter aus dem Text auf.

Schlupflöcher, _____

_____

_____

_____

❷ Worum geht es vermutlich in dem Text?
Schreibe drei besonders wichtige Schlüsselwörter auf.

_____

32

3 Lies den Text jetzt leise für dich.

4 Fledermäuse fressen Insekten. Der Text nennt Beispiele für Insekten.
a) Markiere die Beispiele im Text.
b) Schreibe sie auf.
c) Schreibe mindestens zwei weitere Beispiele dazu.

_____

_____

**Du hast den Text genau gelesen.
Jetzt kannst du den Inhalt wiedergeben.**

5 Vervollständige die Sätze.

A) Fledermäuse suchen sich für den Winterschlaf _____.

B) Auch im Sommer suchen sie ruhige Schlafplätze, zum Beispiel

   hohle _____ oder alte _____.

C) Fledermäuse fressen Insekten, zum Beispiel _____ oder

   Fliegen.

D) Es muss deshalb in der Nähe ihrer Schlupflöcher

   genügend _____ geben.

E) Weil Fledermäuse viel Wasser trinken, brauchen sie

   _____ oder _____.

6 Was brauchen die Fledermäuse zum Leben?
Kreise die richtigen Wörter ein.

Schlupflöcher   grüne Wiesen   Wasser
   ruhige Plätze   Insekten   Hitze

33

Der Textknacker – Schritt 4: die Schlüsselwörter

Eine bedrohte Tierart

Die Fledermäuse sind eine bedrohte Tierart.

 1 _____

1 **Die Menschen fällen** immer mehr **Bäume**.
2 Dadurch **fehlen** den Fledermäusen
3 geschützte **Schlafplätze**.

 2 _____

4 **Die Menschen legen** auch **Teiche und Bäche trocken**.
5 Sie leiten dazu das Wasser aus den Teichen und Bächen
6 in den Boden. Dort gibt es dann Schlamm. Dadurch
7 haben die Fledermäuse **nicht genug zu trinken** und
8 **trocknen aus**.

 3 _____

9 Mit speziellem Gift töten die Menschen die Insekten.
10 Deshalb gibt es weniger Nahrung für die Fledermäuse.
11 Wenn Fledermäuse vergiftete Insekten fressen,
12 werden sie krank. Das Gift bleibt in ihrem Körper.
13 Es wird immer mehr, bis sie sterben.

Der **Textknacker** hilft dir, den Text zu lesen und zu verstehen.
Beachte zunächst die ersten beiden Schritte.

- Sieh die **Bilder** an.
- Lies die **Überschrift**.

❶ Lies den Text jetzt leise für dich.

Die **Absätze** gliedern den Text.
In einem Absatz steht, was zusammengehört.

Zähle die **Absätze**!

❷ Der Text hat drei Absätze.
Schreibe zu jedem Absatz eine passende Überschrift.

Nahrung fehlt		Schlafplätze fehlen
	Wasser fehlt	

Die **Schlüsselwörter** im Text sind wichtig. Sie sind hervorgehoben.

> Lies die
> Schlüsselwörter!

3 Schreibe aus den ersten zwei Absätzen die Schlüsselwörter auf.

1 _____

_____

2 _____

_____

4 Finde im dritten Absatz nun selbst die Schlüsselwörter.
a) Markiere sie.
b) Schreibe sie auf.

3 _____

_____

Du hast den Text verstanden.
Jetzt kannst du den Inhalt wiedergeben.

5 Beantworte die Fragen zum Text.
Schreibe Stichwörter auf.

Warum fehlen den Fledermäusen geschützte Schlafplätze?

_____

Wie legen Menschen Teiche und Bäche trocken?

_____

> **Stichwörter:**
> einzelne Wörter
> oder
> Wortgruppen
> aus dem Text

Extraportion

6 Erkläre, warum Fledermäuse eine bedrohte Tierart sind.
Nenne mindestens zwei Gründe.
Schreibe in dein Heft.

Starthilfe
Fledermäuse sind
eine bedrohte Tierart, weil …

35

Übungen zu Konzentration und Lesetechnik

Genau hinsehen und vergleichen

❶ Am Anfang jeder Zeile steht ein Wort.
Nur ein Wort in der Zeile sieht genauso aus.
a) Sieh dir jede Zeile genau an.
b) Kreise das gleiche Wort ein.

Genau hinsehen und vergleichen

❷ In jedem Feld findest du zwei Abkürzungen.
Manchmal sind sie gleich, manchmal nicht.
a) Finde die Felder mit den gleichen Abkürzungen möglichst schnell.
b) Kreise sie ein.

SOS SOS	SMS SWS	NDR NDR	CD DC
USA AUS	DVD DVD	HSV HSV	WDR WDR
DRK DKR	ZDF ZDF	PKW PKW	ZOB ZOB
LKW KWL	MTV MVT	NRW WNR	SAT STA
VHS VHS	BRD BDR	DIN DNI	ARD ARD

Es sind ☐ Felder mit gleichen Abkürzungen.

36

Lange Wörter zerlegen

3 Lange Wörter verstehst du leichter, wenn du sie zerlegst.
Die einzelnen Wörter kennst du meistens.
Lies die Nomen von oben nach unten.
Lies langsam und genau.

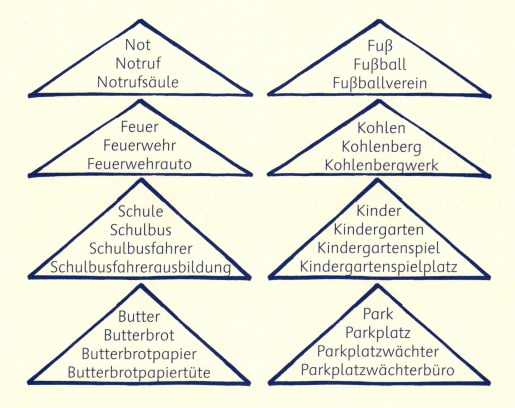

Not
Notruf
Notrufsäule

Fuß
Fußball
Fußballverein

Feuer
Feuerwehr
Feuerwehrauto

Kohlen
Kohlenberg
Kohlenbergwerk

Schule
Schulbus
Schulbusfahrer
Schulbusfahrerausbildung

Kinder
Kindergarten
Kindergartenspiel
Kindergartenspielplatz

Butter
Butterbrot
Butterbrotpapier
Butterbrotpapiertüte

Park
Parkplatz
Parkplatzwächter
Parkplatzwächterbüro

Lesen trotz Hindernis

4 Schaffst du es, diesen Text zu lesen?
Versuche es!

SARA IST EIN MÄDCHEN AUS SÜDAMERIKA.
SIE HAT ZWEI BRÜDER UND DREI SCHWESTERN.
SARA KANN NICHT JEDEN TAG ZUR SCHULE GEHEN.
SIE MUSS ZWEI MAL IN DER WOCHE ARBEITEN.
IHRE FAMILIE BRAUCHT DAS GELD.
VIELE KINDER MÜSSEN WIE SARA ARBEITEN.
MEHR DAZU LIEST DU AUF DEN NÄCHSTEN SEITEN.

Der Textknacker – Schritt 5: die unbekannten Wörter

Carlos erzählt von seinem Leben

1 Ich heiße **Carlos** und bin elf Jahre alt.
2 Ich gehe nicht in die Schule,
3 denn ich **muss Geld verdienen**. Jeden Tag arbeite ich
4 **in einem Kohlenbergwerk** tief unten in der Erde.
5 Weil ich so klein bin, kann ich gut
6 in **die engen Gänge**[1] kriechen. Dort schlage ich
7 **die Kohle**[2] von den Wänden und fülle sie **in Säcke**.
8 Für jeden vollen Sack Kohle bekomme ich Geld.

9 Wenn ich **nach Hause** komme, gebe ich **das Geld**
10 meiner Mutter. Meine **Mutter freut sich**.
11 Nun kann sie wieder **etwas zum Essen** für mich und
12 meine vier kleinen Brüder und Schwestern **kaufen**.
13 Ich bin **stolz**, dass ich meiner Mutter
14 mit dem verdienten Geld helfen kann.

Der **Textknacker** hilft dir, den Text zu lesen und zu verstehen.
Beachte zunächst die folgenden Schritte.

- Sieh die **Bilder** an.
- Lies die **Überschrift**.
- Zähle die **Absätze**.
- Lies die **Schlüsselwörter**.

1 Lies den Text jetzt leise für dich.

Manche **Wörter** werden im Text erklärt.

2 Dieses Wort wird im Text erklärt: das Kohlenbergwerk.
Welche Erklärung ist die richtige?
a) Kreuze an.

☐ Ein Kohlenbergwerk ist von schönen Bäumen umgeben.

☐ Ein Kohlenbergwerk liegt tief unten in der Erde.

☐ Ein Kohlenbergwerk steht auf einem Berg.

b) Schreibe die richtige Erklärung in dein Heft ab.

Kläre unbekannte Wörter!

1 der Gang, die Gänge: ein schmaler Weg zwischen hohen Wänden
2 die Kohle: Sie sieht aus wie ein schwarzer Stein. Man kann mit Kohle Wärme erzeugen.
→ Schreibe die Wörter, die Bedeutung und die Beispielsätze in dein Heft ab.

Manche **Wörter** werden in der Fußnote erklärt.

3 Markiere im Text die Wörter, die in der Fußnote auf Seite 38 erklärt werden.

4 a) Lies die Fußnote auf Seite 38.
b) Schreibe die Wörter, die Bedeutung und die Beispielsätze in dein Heft ab.

5 Die folgenden drei Sätze sind aus dem Text. Verbinde die richtigen Teile.

Ich gehe nicht in die Schule,   gebe ich das Geld meiner Mutter.

Wenn ich nach Hause komme,   dass ich meiner Mutter mit dem verdienten Geld helfen kann.

Ich bin stolz,   denn ich muss Geld verdienen.

Du hast den Text verstanden.
Jetzt kannst du die W-Fragen beantworten.

6 Beantworte die Fragen zum Text. Schreibe ganze Sätze.

Stelle W-Fragen!
Wer? Was?
Wann? Wo?
Warum? Wie?

Wie heißt der Junge?

Der Junge

Warum geht Carlos nicht in die Schule?

_____

Wo arbeitet Carlos?

_____

Was macht Carlos mit dem verdienten Geld?

_____

Der Textknacker – Schritt 5: die unbekannten Wörter

Die Kinderarbeit

1. **Auf der ganzen Welt** müssen ungefähr
2. **211 Millionen Kinder** arbeiten. Das sind mehr als
3. zweieinhalbmal so viele Menschen wie in Deutschland leben.
4. Die Kinder sind zwischen 5 und 14 Jahren alt.
5. Sie können **nicht lernen** und **nicht spielen**.
6. Sie müssen **arbeiten**, um Geld zu verdienen.
7. Ihre Familien brauchen das **Geld zum Leben**.

8. Die Kinder arbeiten in Teppichfabriken,
9. auf Kakaoplantagen[1] oder in Kohlenbergwerken.
10. In Indien zum Beispiel arbeiten viele Kinder
11. in Teppichfabriken, denn sie können
12. mit ihren kleinen Fingern besonders gut
13. **Teppiche knüpfen**[2].
14. In Ghana zum Beispiel arbeiten viele Kinder
15. auf Kakaoplantagen.
16. Dort **pflücken** die Kinder **die Kakaobohnen**.

17. Viele dieser Kinder bekommen **zu wenig zu essen** und
18. müssen sehr lange arbeiten. Darum werden sie **krank**.

1 im Kohlenbergwerk

2

3

Der **Textknacker** hilft dir, den Text zu lesen und zu verstehen.
Beachte zunächst die folgenden Schritte.

- Sieh die **Bilder** an.
- Lies die **Überschrift**.
- Zähle die **Absätze**.
- Lies die **Schlüsselwörter**.

❶ Lies den Text jetzt leise für dich.

Manche **Wörter** werden durch die Bilder erklärt.

Kläre unbekannte Wörter!

❷ Kinder arbeiten an verschiedenen Orten.
   a) Ordne die Bildunterschriften den Bildern zu. Nummeriere sie.
   b) Schreibe die passende Bildunterschrift unter das Bild.

◯ auf der Kakaoplantage   ◯ in der Teppichfabrik

---

1 die Kakaoplantage, die Kakaoplantagen: große Felder, auf denen Kakaopflanzen wachsen
2 knüpfen: Knoten machen
→ Schreibe die Wörter und die Bedeutungen in dein Heft ab.

Manche Wörter werden im Text erklärt.

3 Wie viel sind 211 Millionen?
   a) Suche die passende Erklärung im Text.
   b) Schreibe die Erklärung ab.

211 Millionen: _____

_____

Manche Wörter werden in der Fußnote erklärt.

4 a) Lies die Fußnote auf Seite 40.
   b) Schreibe die Wörter und die Bedeutungen in dein Heft ab.

**Lange Wörter verstehst du leichter, wenn du sie zerlegst.
Die Bedeutung der einzelnen Wörter kennst du meistens.**

5 Zerlege die zusammengesetzten Nomen.
   Mache nach jedem Nomen einen senkrechten Strich.

das Kohlen|bergwerk   die Kinderarbeit

die Kakaoplantage   die Teppichfabrik

**Du hast den Text verstanden.
Jetzt kannst du die richtigen Aussagen ankreuzen.**

6 Was steht in dem Text?
   Kreuze die richtigen Aussagen an.

☐ Die Familien brauchen das Geld zum Sparen.

☐ Die Familien brauchen das Geld zum Leben.

☐ Die Kinder arbeiten in Teppichgeschäften.

☐ Die Kinder arbeiten in Teppichfabriken.

Der Textknacker – Schritt 5: die unbekannten Wörter

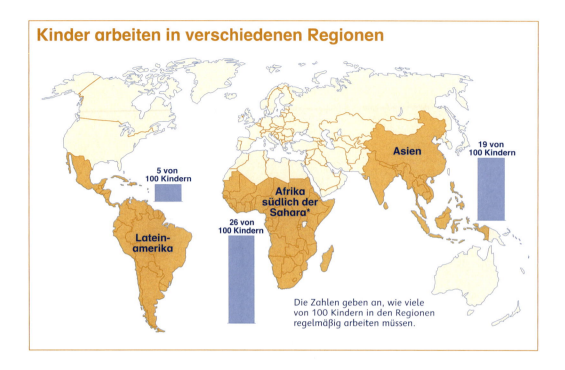

Der **Textknacker** hilft dir auch, eine Grafik zu lesen und zu verstehen. Eine **Grafik** besteht oft aus Bildern, Zahlen und Wortgruppen.

Die **Überschrift** sagt etwas über das Thema der Grafik.

1 a) Lies die Überschrift.
b) Was ist das Thema der Grafik? Schreibe es auf.

> **Lies die Überschrift!**

2 Sieh zunächst die Grafik als Ganzes an.
a) Was siehst du in der Grafik? Kreuze an.
☐ einen Atlas ☐ ein Kartenspiel ☐ eine Landkarte

b) Was zeigt die Karte?
☐ Deutschland ☐ Europa ☐ die Erde

c) Was siehst du in der Karte?
☐ Säulen   ☐ Kreise

> **Sieh die Grafik als Ganzes an!**

* Afrika südlich der Sahara: die Länder in Afrika, die südlich der Wüste Sahara liegen.

**Diese Grafik hat zwei Teile: eine Karte und Säulen.
Kläre die Bedeutung der zwei Teile.**

Sieh die Teile der Grafik an!

3 a) Sieh die Karte genau an.
b) Schreibe auf, welche Regionen in der Karte genannt werden.

_____

_____

4 Zu jeder Region gehört eine Säule.
Über den Säulen findest du verschiedene Zahlen.
Schreibe auf, was die Zahlen bedeuten.

In Lateinamerika müssen 5 von 100 Kindern arbeiten.

In Afrika müssen _____

In Asien _____

**Du hast die Grafik verstanden.
Jetzt kannst du die Frage beantworten.**

5 In der Grafik sind drei Regionen genannt.
Wo müssen die meisten Kinder von 100 arbeiten?
Schreibe einen Satz.

Die meisten Kinder _____

_____

 **Extraportion**

6 Europa und Nordamerika werden in der Grafik nicht genannt.
Was könnte der Grund sein? Schreibe einen vollständigen Satz.

_____

_____

43

Übungen zu Konzentration und Lesetechnik

Lesen, vergleichen und ergänzen

1 In jedem Feld findest du ein gleiches Paar.
Es fehlen aber Buchstaben.
Ergänze sie.

der	d_e_r		ent	e__t		aus	__us		zer	z__r
mem	me__		pfl	__fl		vor	v__r		bro	br__
sch	s__h		str	__tr		auf	a__f		rzt	__zt
spl	s__l		fli	fl__		hin	__in		chr	ch__
her	he__		grü	__rü		ein	__in		fah	fa__
end	__nd		pla	p__a		art	ar__		ock	o__k

Genau hinsehen und vergleichen

2 In jeder Reihe findest du zwei Wörter zweimal.
a) Finde diese Paare möglichst schnell.
b) Kreise sie farbig ein.

mir	mein	(mal)	wir	(mit)	(mal)	(mit)	mich	wird	weil
auf	als	an	aus	ab	am	ans	am	auf	acht
zwei	zum	zehn	zu	zum	um	zwölf	zur	zwei	zwar
die	dich	der	dir	das	dich	dies	dein	der	da
wem	wo	wie	wer	wann	was	weil	wann	wem	wen
nur	neu	nie	neun	nach	nie	noch	nicht	nach	nein
bei	bis	bald	bin	bis	bist	bade	bald	binde	beim
im	ist	in	ihn	ihr	ihn	im	ins	ihm	ich
im	um	uns	ins	in	und	ums	uns	rund	und
sie	sind	sein	so	seid	sie	seit	soll	seid	sonst
hier	her	hin	hier	hoch	halt	hast	hat	hoch	heiß

Schnell und fehlerfrei lesen – die Lesepyramide

❸ Trainiere deine Lesegeschwindigkeit.
   a) Lies die Wörter laut und möglichst schnell.
      Lies von oben nach unten.
      Wie weit schaffst du es, ohne einen Fehler zu machen?

sie	so
die	wie
für	nur
fast	klein
aber	jetzt
früher	dort
vieles	oder
selbst	wenig
meistens	vielleicht
zum Essen	die Freizeit
wir gehen	wir kaufen
nur Bücher	jeden Tag
manchmal	für die Schule
beinahe alles	im Supermarkt
die Menschen	zum Anziehen
keine Geschäfte	nur bestimmte Dinge
etwas brauchen	früher war das anders

b) Kannst du noch schneller lesen, ohne einen Fehler zu machen?
   Versuche es noch einmal.

Den Textknacker wiederholen

Einkaufen heute

1. **Wir kaufen fast jeden Tag** etwas **ein**. Wir kaufen Dinge **zum Essen**
2. oder **zum Anziehen**, für die Freizeit oder für die Schule und vieles mehr.
3. Meistens kaufen wir **im Supermarkt** ein. In so einem großen Geschäft
4. finden wir **beinahe alles**, was wir brauchen.
5. Manchmal gehen wir aber auch in **ein kleines Spezialgeschäft**.
6. Dort können wir **nur bestimmte Dinge** kaufen, zum Beispiel
7. nur Bücher oder nur Sportschuhe oder nur Werkzeuge.
8. **Wir machen** nur noch **wenige Dinge selbst**. Vielleicht kocht
9. deine Mutter manchmal selbst Marmelade, dein Vater baut ein Haus
10. für das Meerschweinchen oder deine Oma strickt einen Pullover.
11. **Früher war das anders**. Es gab noch **keine Geschäfte** und
12. **keine Supermärkte**, in denen man alles kaufen konnte.
13. Aber wie bekamen die Menschen früher die Dinge, die sie brauchten?

Der **Textknacker** hilft dir, den Text zu lesen und zu verstehen.
Beachte zunächst die folgenden Schritte.

- Sieh die **Bilder** an.
- Lies die **Überschrift**.
- Zähle die **Absätze**.
- Lies die **Schlüsselwörter**.

❶ Lies den Text jetzt leise für dich.

Manche **Wörter** werden im Text erklärt.

❷ Was ist ein **Supermarkt**? Was ist ein **Spezialgeschäft**?
   a) Finde die Wörter im Text.
   b) Lies die Textstellen noch einmal genau.
   c) Schreibe die Erklärungen auf. Schreibe ganze Sätze.

Kläre unbekannte Wörter!

Der Supermarkt ist _____

Das Spezialgeschäft ist _____

Du hast den Text verstanden.
Jetzt kannst du den Inhalt wiedergeben.

3 Beantworte die Fragen zum Text.
Schreibe ganze Sätze.

Stelle W-Fragen!
Wer? Was?
Wann? Wo?
Warum? Wie?

A) **Was** machen wir fast jeden Tag?

Wir kaufen _____

_____

B) **Wo** kaufen wir ein?

_____

_____

C) **Was** kaufen wir in einem Spezialgeschäft?

_____

_____

_____

4 Schreibe in einem Satz auf, wovon der Text handelt.
Tipp: Die Schlüsselwörter helfen dir.

_____

_____

_____

5 Der Text endet mit einer Frage: Aber wie bekamen die Menschen
früher die Dinge, die sie brauchten?
a) Überlege dir eine Antwort.
Tipp: Die Wörter in der Randspalte helfen dir.
b) Schreibe deine Antwort auf.

ABC

früher
auf dem Land
selbst machen
in der Stadt
kaufen
auf dem Markt
tauschen

_____

_____

Den Textknacker wiederholen

Einkaufen im Mittelalter

☐ _____

1 **Die Menschen**, die **auf dem Land** lebten, machten ihre **Kleidung**
2 **und Nahrung**¹ **selbst**. Sie machten zum Beispiel **Butter**.
3 Aber **manche Dinge** konnte **nicht** jeder **selbst machen**,
4 zum Beispiel Töpfe aus Keramik oder einfachen Schmuck.
5 Diese Dinge **tauschten die Menschen** deshalb ein.
6 Sie gingen auf den **Markt in der Stadt**.

☐ _____

7 Die Menschen **in den Städten** waren oft Handwerker.
8 **Die Handwerker** machten auch Dinge selbst, aber sie **machten**
9 **nur eine Sache**: die Bäcker backten Brot und die Schuhmacher
10 machten Schuhe. Was sie nicht selbst herstellen konnten,
11 mussten sie **auf dem Markt kaufen**. Dort **verkauften** sie auch
12 **ihre Waren**². Wenn der Schuhmacher nicht alle Schuhe
13 in der eigenen Stadt verkaufen konnte, musste er sie
14 **in einer anderen Stadt verkaufen**. Das machte er aber nicht selbst.
15 Das **machten die Kaufleute oder Händler**.

☐ _____

16 Die **Kaufleute kauften und verkauften** alle Sachen. Sie verkauften
17 Felle, Holz, Wachs, Getreide, Fisch, Salz, Wolle und
18 vieles mehr. **Aus fernen Ländern** brachten sie Gewürze,
19 Seide und Öl. **Sie sammelten** alle Waren **in großen Lagern**.
20 Dort wurden die Waren sortiert und verpackt.
21 Dann verkauften die Händler sie weiter.

1 die Nahrung: das Essen
2 die Waren: die Sachen, die die Handwerker selbst machten

→ Schreibe die Wörter und die Bedeutungen in dein Heft ab.

Die **Bilder** erzählen etwas über den Inhalt des Textes.
Die **Überschrift** sagt etwas über den Inhalt des Textes.

1 Worum geht es vermutlich in dem Text?
   a) Sieh die Bilder genau an.
   b) Lies die Überschrift.
   c) Schreibe drei Stichwörter auf.

_____

_____

_____

2 Lies den Text jetzt leise für dich.

Die **Absätze** gliedern den Text.
In einem Absatz steht, was zusammengehört.

> Zähle die **Absätze**!

3 a) Nummeriere die drei Absätze.
   b) Schreibe zu jedem Absatz die passende Überschrift.

| Die Handwerker in der Stadt |
| Früher auf dem Land |
| Die Händler oder Kaufleute |

Manche **Wörter** werden im Text erklärt.

> Kläre unbekannte **Wörter**!

4 Manche Wörter werden durch ein Beispiel erklärt.
   Für die Handwerker findest du im Text zwei Beispiele.
   a) Lies noch einmal den zweiten Absatz.
   b) Markiere die Beispiele im Text.
   c) Ergänze den Satz.

Handwerker sind zum Beispiel _____ oder

_____.

5 Was machten die Kaufleute?
   a) Finde im Text die Erklärung.
   b) Ergänze den Satz.

Die Kaufleute _____ und _____ alle Sachen.

   c) Im Text wird für die Kaufleute noch ein anderes Wort verwendet.
      Markiere es.

Den Textknacker wiederholen

Manche Wörter werden durch Bilder erklärt.

Sieh die Bilder an!

6 Was kauften und verkauften die Händler auf dem Markt?
a) Hier findest du Ausschnitte aus dem großen Bild.
   Sieh die Ausschnitte genau an.
b) Schreibe die passenden Nomen auf die Linien.
Tipp: Du findest sie in der Randspalte.

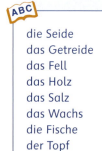
ABC
die Seide
das Getreide
das Fell
das Holz
das Salz
das Wachs
die Fische
der Topf

Schlage unbekannte Wörter im Wörterbuch nach – aber erst zum Schluss!

Schlage im Wörterbuch nach!

7 Manche Wörter werden nicht im Text und nicht durch Bilder erklärt. Welche Wörter musst du im Wörterbuch nachschlagen? Schreibe die Wörter mit Erklärung in dein Heft.

**Du hast den Text genau gelesen.
Jetzt kannst du die richtige Aussage ankreuzen.**

8 Was kauften die Handwerker auf dem Markt?
Kreuze die richtige Aussage an.
Tipp: Lies noch einmal den zweiten Absatz.

☐ Die Handwerker kauften, was sie selbst gemacht hatten.
☐ Die Handwerker kauften, was sie nicht verkaufen konnten.
☐ Die Handwerker kauften, was sie nicht selbst herstellen konnten.
☐ Die Handwerker kauften, was sie nicht brauchten.

Du hast den Text verstanden.
Jetzt kannst du die wichtigen Informationen zusammenfassen.

9 Was waren die Aufgaben der Händler?
a) Lies den dritten Absatz noch einmal genau.
b) Beschreibe die Aufgaben mit deinen eigenen Worten.
Tipp: Die Verben in der Randspalte helfen dir.

ABC
kaufen
mitbringen
sammeln
verkaufen

_____

_____

_____

_____

10 Wer ist jeweils gemeint?
a) Lies noch einmal im Text nach.
b) Schreibe die Nomen auf die Linien.

A) **Sie** machten ihre Nahrung und Kleidung selbst.   A) _____
B) **Sie** machten nur eine Sache selbst.
Was ihnen zum Essen fehlte, kauften **sie** auf dem Markt.   B) _____
C) **Sie** verkauften Felle, Farben, Holz, Wachs, Getreide,
Fisch, Salz, Wolle und vieles mehr.   C) _____

Extraportion

11 Die Menschen im Mittelalter kauften viele Sachen
auf dem Markt ein. Was machten sie daraus?
a) Bilde Sätze.
b) Schreibe die Sätze in dein Heft.

Aus Wachs		Brote.
Aus Holz	machten die Menschen	Kerzen.
Aus Getreide		Tische.
Aus Seide		Kleider.

Starthilfe: Aus Wachs machten die Menschen Kerzen.

c) Hast du noch mehr Ideen? Schreibe auf.

51

Übungen zu Konzentration und Lesetechnik

Genau hinsehen und vergleichen

❶ Die beiden Bilder sind nicht gleich. Es gibt fünf Unterschiede.
   a) Vergleiche die Bilder genau.
   b) Kreise die Unterschiede ein.

Genau hinsehen und Wörter finden

❷ a) Lies die folgenden Wörter.
   b) Präge sie dir gut ein.

   | Philipp | Susie | Spiegel | Kino | Telefon |

   c) Kannst du die Wörter hier wiederfinden?
      Kreise sie ein.

   Brille   Philipp   Spiele   Susie

   Kinn   Kilo   Kino

   Spargel   Spiegel   Elefant   Telefon

Wortgruppen lesen

3 Mehrere Wörter, die zusammengehören, bilden eine Wortgruppe.
Versuche, die Wortgruppen zusammenhängend zu lesen.
a) Lies die Wortgruppen leise für dich.
b) Lies die Wortgruppen noch einmal laut.

am Telefon	am Nachmittag
etwas sagen	nie wiedersehen
seit Stunden	vor dem Spiegel
jeden Morgen	in fünf Minuten
ein bisschen	seine kleine Schwester
etwas passiert	eine schwere Krankheit
ganz freundlich	nicht ernst nehmen

Lesen trotz Hindernis

4 Schaffst du es, diesen Text zu lesen?
Versuche es!

Philipp ist ein ganz normaler Junge.

Er mag Fußball und findet Mädchen doof.

Aber plötzlich ist Philipp anders.

Seine kleine Schwester findet das komisch.

Was ist passiert? Ist Philipp vielleicht krank?

Du kannst es in der folgenden Geschichte lesen.

Eine Geschichte mit dem Textknacker lesen (1)

1 Seht ihr den da? Den Typ, der sich seit Stunden
2 **vor dem Spiegel** die Haare föhnt?
3 Das ist **mein Bruder**. Er heißt Philipp,
4 aber er **nennt sich Phil**, weil er das cool findet.

5 Bis vor kurzem war Philipp ganz in Ordnung.
6 Er war **wie alle anderen Jungen**. Seine ganze Welt
7 bestand aus Fußball. Mädchen fand er **doof**.
8 Und mich ganz besonders. Ich bin nämlich
9 **seine kleine Schwester**.

10 Aber jetzt ist **etwas passiert**. Erst dachte ich,
11 Philipp hat eine schwere Krankheit. Denn **er duscht**
12 plötzlich **täglich**. Ja! Jeden Morgen. Er wäscht sich
13 **die Haare** und **föhnt** sie sogar. Es ist aber
14 **keine Krankheit**. Philipp **ist verliebt**!

Der **Textknacker** hilft dir, die Geschichte zu lesen und zu verstehen.

Das **Bild** erzählt etwas über den Inhalt der Geschichte.

❶ Worum geht es vermutlich in der Geschichte?
   a) Sieh das Bild genau an.
   b) Schreibe mindestens zwei Stichwörter auf.

Sieh das **Bild** an!

Die **Schlüsselwörter** sind wichtig. Sie sind hervorgehoben.

❷ a) Lies nur die Schlüsselwörter.
   b) Was weißt du jetzt?
      Schreibe zwei weitere Stichwörter auf.

Lies die **Schlüsselwörter**!

❸ Lies die Geschichte jetzt leise für dich.

4 Du weißt jetzt, wer auf dem Bild zu sehen ist.
Schreibe zu der Person den richtigen Namen.

5 Bei der Geschichte fehlt die Überschrift.
Ergänze sie.
Tipp: Du kannst eine Überschrift auswählen oder
dir selbst eine Überschrift ausdenken.

| Mein Bruder | | Philipp ist verliebt |

6 Nur eine Antwort zu jeder Frage ist richtig.
Kreuze an.

Wer erzählt von Philipp?

☐ die kleine Schwester   ☐ die große Schwester

Was erzählt sie?

☐ Philipp ist krank.   ☐ Philipp ist verliebt.

**Du hast die Geschichte genau gelesen.
Jetzt kannst du Philipp beschreiben.**

7 Philipp hat sich verändert.
Wie war Philipp früher?
Und wie ist Philipp jetzt?
Beschreibe!

Früher war Philipp _____

_____

Jetzt ist Philipp _____

_____

Eine Geschichte mit dem Textknacker lesen (1)

So geht die Geschichte von Philipp weiter:

1. **Einmal ging Philipp** fein rausgeputzt **ins Kino**.
2. Dort wollte er **Susie**, sein Engelchen[1], **treffen**.
3. **Als er zurückkam**, sah er sauer aus. Echt **wütend**.
4. „Sie ist eine blöde Ziege!", sagte er zu Mama.
5. Er wollte **Susie nie wiedersehen**.
6. Ja, so schnell ändert sich das.

7. Aber **dann rief Susie an**. Ich war **am Telefon**.
8. Ich sagte: „Mein Bruder will dich bestimmt nicht sprechen.
9. Du bist **eine blöde Ziege**! Er will dich nie wiedersehen!"
10. **Philipp** rannte zu mir, als würde sein Hemd brennen.
11. Er riss mir den Hörer aus der Hand und **sagte ganz freundlich**:
12. „Das darfst du nicht ernst nehmen. Das war nur
13. meine kleine Schwester. Sie spinnt … **Klar komme ich**.
14. Ja. Sofort. Warte. Ich bin in fünf Minuten bei dir."

Der **Textknacker** hilft dir, die Geschichte zu lesen und zu verstehen. Beachte zunächst die folgenden Schritte.

- Sieh das **Bild** an.
- Zähle die **Absätze**.
- Lies die **Schlüsselwörter**.

1 Lies die Geschichte jetzt leise für dich.

2 Was bedeuten diese Sätze?
Kreuze die richtige Bedeutung an.

Philipp ging fein rausgeputzt ins Kino.

☐ Philipp machte sich schick und ging ins Kino.

☐ Philipp war schmutzig und ging ins Kino.

Philipp rannte zu mir, als würde sein Hemd brennen.

☐ Philipp war zufrieden und rannte zu mir.

☐ Philipp war aufgeregt und rannte schnell zu mir.

[1] ein Engelchen: Susie ist wie ein Engel. Philipp findet sie toll.

3 Wer sagt die folgenden Sätze zu wem?
Trage die richtige Person ein.

ABC
die Schwester
Philipp
Susie
Mama

A) _____ sagt zu _____: „Sie ist eine blöde Ziege!"

B) _____ sagt zu _____: „Klar komme ich. Sofort."

4 Philipps Gefühle wechseln.
Wie fühlt sich Philipp jeweils?
Male ein trauriges Gesicht oder
ein lachendes Gesicht hinter die Sätze.

Philipp will Susie im Kino treffen. ◯

Philipp kommt vom Kino zurück. ◯

Susie ruft an. ◯

5 Philipp wollte mit Susie ins Kino gehen.
Danach kam er wütend nach Hause.
Was könnte passiert sein? Schreibe auf!

_____

_____

_____

🍬 **Extraportion**

6 Zum Schluss ist Philipp gar nicht mehr wütend.
Vielleicht ist er noch immer verliebt.
Woran kannst du das erkennen? Schreibe auf!

_____

_____

_____

Übungen zu Konzentration und Lesetechnik

Genau hinsehen und vergleichen

1 In jedem Feld findest du zwei Autokennzeichen. Manchmal sind sie gleich, manchmal nicht.
   a) Finde die Felder mit den gleichen Autokennzeichen möglichst schnell.
   b) Kreise sie ein.

HH HB	SR SP	BN BN	IN NI	KS KS
MQ MO	KI KL	WE WE	HA HH	DD DD
FR ER	HO HO	EE EE	PR PR	DA AD
KL KL	EF EE	FÜ FU	MD MO	OD OD
LB LD	RT RI	GE GE	GR GP	AB AB
GI GL	PA PR	WI WL	FL FE	BA BA

Es sind ☐ Felder mit gleichen Autokennzeichen.

Lesen, vergleichen und ergänzen

2 Hier sind die Kennzeichen verschmutzt und einige Buchstaben nicht mehr lesbar.
   a) Ergänze die Buchstaben in den Kennzeichen.

BAD __AD	VEC V__C	HGN HG__	MZG M__G	BIN B____
OAL OA__	ERB __RB	ANA A__A	KLE __L_	RÜG __ÜG
MÜR MÜ__	HEI H____	WAF WA__	UEM U__M	NMS __MS
ASL AS__	IGB __GB	CUX __UX	GTH GT__	WTM W__M
BOR __O_	DEL D__L	MSP __SP	FDS FD__	ERH __RH

b) Lies in jeder Zeile deine Buchstaben. Sie ergeben fünf Wörter.
c) Trage die Wörter in die Kästchen ein.

Wortgruppen lesen

3 Mehrere Wörter, die zusammengehören, bilden eine Wortgruppe.
Versuche, die Wortgruppen zusammenhängend zu lesen.
a) Lies die Wortgruppen leise für dich.
b) Lies die Wortgruppen noch einmal laut.

die kleine Schwester   das blaue Kleid

das weiße Hemd   die neue Klasse

die strenge Lehrerin   der heiße Tag

der dritte Schultag   die kurze Hose

die neue Schule   eine große Frechheit

ein dunkelblauer Anzug   die verbesserten Diktate

Genau hinsehen

4 Wie heißt Uwes kleine Schwester?
a) Finde in jeder Zeile den Buchstaben, der in allen vier Wörtern vorkommt.
b) Schreibe den Buchstaben in das Kästchen.

Bild	Wind	Lippe	Stift
Nacht	Monat	Bank	Note
Fliege	Tag	Geige	Garten
Schere	Treppe	Raum	Sieger
Igel	Benzin	Fabrik	Fisch
Land	Dose	Kind	Hand

c) Lies die Buchstaben in den Kästchen von oben nach unten.

Uwes kleine Schwester heißt _____ .

Eine Geschichte mit dem Textknacker lesen (2)

Die folgende Geschichte ist ein Ausschnitt aus einem Buch.

Uwe findet sich zurecht

1 **Uwe** ist mit seinen Eltern und seiner Schwester aus Rumänien
2 **nach Deutschland gekommen**. Jetzt geht er hier in die Schule.
3 Uwe fühlt sich wohl in der neuen Klasse.
4 In seiner Klasse sind dreiundzwanzig Schüler.

5 Früher **in Rumänien** war er
6 in einer Klasse mit dreiundvierzig Schülern.
7 Seine **Lehrerin war streng**. Die Kinder mussten
8 **ganz still in den Bänken sitzen**. Wenn sie zappelten[1],
9 mussten sie die Hände auf den Rücken legen.
10 Alle Schulkinder mussten **eine Schuluniform tragen**.
11 Die Mädchen trugen ein blau und weiß kariertes Kleid
12 mit blauer Schürze. Die Jungen trugen
13 einen dunkelblauen Anzug und ein weiß und blau kariertes Hemd.

14 Jetzt geht Uwe in einer kurzen Hose und in einem T-Shirt zur Schule.
15 Uwe hatte seine Lehrerin in Rumänien gern. Auch **die neue Lehrerin**
16 **hat er gern**. Die neue Lehrerin heißt **Frau Schmidt**. Sie macht
17 manchmal Späße mit den Kindern, aber sie kann auch streng sein.

Der **Textknacker** hilft dir, die Geschichte zu lesen und zu verstehen.

Die **Bilder** erzählen etwas über den Inhalt der Geschichte.

Sieh
das **Bild** an!

1 a) Sieh das Bild genau an.
b) Was siehst du?
Schreibe Stichwörter auf.

Beachte die nächsten Schritte des Textknackers.
- Lies die **Überschrift**.
- Zähle die **Absätze**.
- Lies die **Schlüsselwörter**.
- Kläre unbekannte **Wörter**.

2 Lies die Geschichte jetzt leise für dich.

1 zappeln: sich immer bewegen, nicht still sitzen oder stehen
→ Schreibe das Wort und die Bedeutung in dein Heft ab.

Du hast die Geschichte genau gelesen.
Jetzt kannst du die richtigen Aussagen ankreuzen.

3 Wovon erzählt die Geschichte?
Kreuze an.

☐ Die Geschichte erzählt vom Einkaufen neuer Kleidung.

☐ Die Geschichte erzählt von einer Reise nach Rumänien.

☐ Die Geschichte erzählt von der Schule in Rumänien und Deutschland.

4 Was steht in der Geschichte?
Entscheide, ob die folgenden Aussagen richtig oder falsch sind.
Kreuze an.

Aussagen	richtig	falsch
Uwe ist aus Polen gekommen.	○	○
Uwe ist mit seinen Eltern und seiner Schwester gekommen.	○	○
In Rumänien musste Uwe eine Schuluniform tragen.	○	○
In Uwes neuer Klasse sind dreiundvierzig Schüler.	○	○
Uwe hat die neue Lehrerin gern.	○	○

5 Uwe schreibt an seinen Freund in Rumänien.
Setze den Brief fort.

Lieber Mihai, hier in Deutschland ist es in der Schule ganz anders.

Eine Geschichte mit dem Textknacker lesen (2)

So geht die Geschichte von Uwe weiter:

Ein schöner Schultag

1 **Uwe mag alle Fächer**, außer Musik und Religion.
2 Musik mag er nicht, weil er unmusikalisch ist.
3 Im Religionsunterricht langweilt er sich.

4 An Uwes drittem **Schultag** in der neuen Schule
5 **schreibt** seine Klasse **ein Diktat**. Als **Frau Schmidt**
6 die verbesserten Diktate bringt,
7 **sagt** sie: **Ich freue mich** besonders über Uwes Diktat.

Achte darauf, wer etwas sagt!

❶ In diesem Abschnitt der Geschichte sagt Frau Schmidt etwas.
   Der Satz steht in wörtlicher Rede. Es fehlen aber die Zeichen.
   a) Unterstreiche den Satz, den Frau Schmidt sagt.
   b) Ergänze die Zeichen für die wörtliche Rede.

❷ Warum freut sich Frau Schmidt besonders über Uwes Diktat?
   Überlege dir einen Grund.

Frau Schmidt freut sich, weil _____

_____

❸ Wie fühlt sich Uwe, als er sein Diktat zurückbekommt?
   Kreise die passenden Adjektive ein.

   | traurig | glücklich | wütend | fröhlich |

❹ Was könnte Uwe denken, als er sein Diktat bekommt?
   Schreibe es auf. Schreibe in der Ich-Form.

Ich _____

So beginnt ein weiteres Kapitel in dem Buch:

Ein Brief an den Lehrer

1. Uwe hat Turnen. Die **Jungen warten** im Hof
2. auf den Lehrer. Der **Turnlehrer verspätet** sich.
3. Er verspätet sich oft. Die Jungen sind **unzufrieden**.
4. Sie wollen dem Lehrer **einen Brief schreiben**.
5. Ingo schreibt den Brief. Er liest ihn vor:

6. Lieber Herr Schneider,
7. wir bitten Sie, nicht mehr zu spät zu kommen.

8. Alle Jungen unterschreiben den Brief.
9. **Uwe** ist **erschrocken**. Er zögert, er weiß nicht,
10. ob er den Brief unterschreiben soll. Er denkt, dass es eine Frechheit ist,
11. dem Lehrer einen solchen Brief zu schicken. **In Rumänien** jedenfalls
12. wäre der Brief als **eine große Frechheit** betrachtet worden.
13. Ingo fragt Uwe: Warum unterschreibst du den Brief nicht?

5 Was sagt Ingo?
  a) Unterstreiche den Satz, den Ingo sagt.
  b) Ergänze die Zeichen für die wörtliche Rede.

Achte darauf, wer etwas sagt!

 Extraportion

6 Überlege, wie die Geschichte weitergeht.
Schreibe das Gespräch zwischen Ingo und Uwe auf.
Tipp: Die Wörter in der Randspalte helfen dir.

Uwe antwortet: _____

_____

_____

_____

_____

Ingo
Angst haben
ein Feigling sein

Uwe
unhöflich
Eltern schimpfen
Strafe vom Lehrer

→ Tipp: Wenn du mehr über Uwe und seine Familie wissen möchtest, dann lies das Buch
Im Land der Schokolade und Bananen von Karin Gündisch.

Textquellen:

Seite 14, 16, 18: aus: Klindworth, Uwe: Wachsen Jeans vielleicht auf Feldern?
kbv Luzern in Patmos Verlag, Düsseldorf 1998, S. 26-27 (leicht verändert, gekürzt).

Seite 30, 32, 34: aus: Winsemius, Dieuwke: Die Fledermaus braucht Freunde, aus dem Niederländischen übersetzt von Monica Barendrecht. Erika Klopp Verlag, Berlin und München 1990 (leicht verändert, gekürzt).

Seite 42: Daten entnommen aus: Das Ende der Kinderarbeit – zum Greifen nah. 2006, S. 6 und 9.

Seite 54, 56: aus: Wolf, Klaus-Peter: Das Leselöwen-Jahr.
Loewes Verlag, Bindlach 1995, S. 51-52 (leicht verändert, gekürzt).

Seite 60, 62, 63: aus: Gündisch, Karin: Im Land der Schokolade und Bananen.
Beltz & Gelberg, Weinheim und Basel 1987, S. 30, 33 (leicht verändert, gekürzt).

Projektleitung: Gabriele Biela
Redaktion: Susanne Weidmann
Illustrationen: Matthias Pflügner, Berlin
(Seite 4, 6, 8, 10f, 14, 16, 18, 22, 24, 30, 32, 34, 38, 40, 46, 48, 54, 56, 60, 62, 63)
Oleg Assadulin, Berlin (Seite 4 Schattenbilder, 12, 28, 36f, 52)
Karten und Grafiken: Volkhard Binder (Seite 14, 26, 42)
Umschlagillustration: Bernhard Skopnik, Kassel
Gesamtgestaltung: Klein & Halm Grafik-Design, Berlin

www.cornelsen.de

1. Auflage, 1. Druck 2006/06

© 2006 Cornelsen Verlag, Berlin

Das Werk und seine Teile sind urheberrechtlich geschützt.
Jede Nutzung in anderen als den gesetzlich zugelassenen Fällen bedarf
der vorherigen schriftlichen Einwilligung des Verlages.
Hinweis zu § 52a UrhG: Weder das Werk noch seine Teile dürfen ohne eine
solche Einwilligung eingescannt und in ein Netzwerk eingestellt werden.
Dies gilt auch für Intranets von Schulen und sonstigen Bildungseinrichtungen.

Druck: Druckhaus Berlin-Mitte

ISBN-13: 978-3-464-62601-6
ISBN-10:   3-464-62601-6

 Inhalt gedruckt auf säurefreiem Papier aus nachhaltiger Forstwirtschaft.

Gezielt fördern – Lesetraining 5/6

Lösungen

Seite 4

Aufgabe 1
Schatten Nummer 3

Aufgabe 2
B: *21*
D: *15*
P: *24*
R: *15*

Seite 6

Aufgabe 1
[x] zwei Musikinstrumente

Aufgabe 2b
Auf den Bildern sehe ich *eine Trommel* und *eine Gitarre*.

Seite 7

Aufgabe 3
Diese Wörter hast du sicher eingekreist:
Musik, Musikinstrumente

Aufgabe 5
Diese Wörter hast du sicher markiert:
Gitarre, Trommel

Aufgabe 6
die Gitarre: ein Saiteninstrument
die Trommel: ein Schlaginstrument

Aufgabe 7
A) Musik besteht *aus Tönen*.
B) Töne macht man *mit der Stimme* oder *mit Instrumenten*.
C) Man schlägt mit Stäben auf *die Trommeln*.
D) Bei der Gitarre zupft man *die Saiten*.

Seite 8

Aufgabe 1
Diese Wortgruppen hast du sicher eingekreist:
Gitarre spielen, ein Lied aufnehmen, Musik machen

Aufgabe 2
[x] Was passiert im Tonstudio?

Seite 9

Aufgabe 6
das **Mikrofon**:
Es leitet die Töne an das Tonbandgerät weiter.
das **Tonbandgerät**:
Es nimmt die Töne auf ein Tonband auf.

Aufgabe 7
(1) Die Musiker spielen das Lied.
(2) Das Mikrofon leitet die Töne weiter.
(3) Das Tonbandgerät nimmt die Töne auf.
(4) Das Lied ist auf dem Tonband.
Lösungswort: das *Lied*

Seite 10

Aufgabe 1b
An einem Tisch sitzt ein Mann.
Es ist *der Tontechniker*.
Er trägt auf dem Kopf *die Kopfhörer*.
Vor dem Tontechniker ist *das Mischpult*.

Aufgabe 2
[x] Was macht der Tontechniker?

Seite 11

Aufgabe 5
Eine Lösung könnte aussehen:
A) *In einem Tonstudio arbeitet ein Tontechniker.*
B) *Er trägt Kopfhörer, weil er damit die Instrumente gut hört.*
C) *Er mischt die Töne so lange, bis das Lied gut klingt.*

Seite 12

Aufgabe 2
F: *20*
f: *19*
T: *20*
t: *16*

Gezielt fördern – Lesetraining 5/6

Lösungen

Seite 13

Aufgabe 3

Diese Wortgruppen sind in der gleichen Schrift:

nicht kälter als	herstellen und verarbeiten
zum Beispiel	**die Baumwolle**
die Jeanshose	passende Stücke
im Frühjahr	*die Maschine*
mit der Hand	zusammennähen

Seite 14

Aufgabe 2

[x] einen Strauch

[x] eine Landkarte

Aufgabe 4

Woher kommt die Baumwolle?

Seite 15

Aufgabe 5

Zum Beispiel:
Baumwolle, wachsen, Länder

Aufgabe 7

Das ist die passende Bildunterschrift:
der Baumwollstrauch

Aufgabe 8b

[x] eine Temperatur

Aufgabe 9b

warme Länder, nicht kälter als 18°C

Aufgabe 10b

Baumwollstrauch → Baumwolle → Stoff → Jeanshose

Seite 16

Aufgabe 1

B) *Die Bilder zeigen,*
wie man Baumwolle gewinnt.

Seite 17

Aufgabe 5

[x] Der Text erklärt,
wie man Baumwolle gewinnt.

Aufgabe 7

A) *Bis zur Ernte dauert es etwa neun Monate.*
B) *Sind die Blüten verblüht,*
platzen die Samenkapseln auf.

Aufgabe 8

A) *Baumwollsamen werden im Frühjahr ausgesät.*
B) *Baumwollfasern sehen aus*
wie ein weißer Wattebausch.

Seite 18

Aufgabe 1b

Das ist die passende Bildunterschrift:
1. *der Webstuhl und die Spinnmaschine*

Aufgabe 3

Stoffe aus *Baumwolle* herstellen und zu *Jeanshosen* verarbeiten.

Seite 19

Aufgabe 4

Zum Beispiel: Baumwolle, Stoffe, eine Jeanshose

Aufgabe 6

[x] Zuerst macht man die Fasern der Baumwolle sauber.

[x] Dazu benutzte man ein Spinnrad.

Aufgabe 7

① Die Fasern werden gereinigt.

② Die Fasern werden zu Garn zusammengedreht.

③ Aus dem Garn weben Webstühle den Stoff.

④ Der Stoff wird in passende Stücke geschnitten.

⑤ Die Stoffstücke werden zu einer Jeanshose zusammengenäht.

Lösungswort: die *Blüte*

Gezielt fördern – Lesetraining 5/6

Seite 20

Aufgabe 1d

Hanin spricht *Arabisch* und *Deutsch*.

Seite 21

Aufgabe 2

[1] Polnisch — Günaidin! [2]
[2] Türkisch — Bom dia! [4]
[3] Thailändisch — Dzień dobry! [1]
[4] Portugiesisch — Günortaniz xeyir! [6]
[5] Englisch — Sabaai-dii! [3]
[6] Aserbaidschanisch — Good morning! [5]

Aufgabe 3

Beruf, Englisch, Erfolg, Lied, Musik, Schule, Sprache, Wörter

Seite 22

Aufgabe 3

[1] *Rund um den Computer*
[2] *Rund um die Musik*

Seite 23

Aufgabe 5

1. Absatz: *die Mailbox, die Homepage*
2. Absatz: *die Boygroup, der MP3-Player*

Aufgabe 6

Die richtigen Bedeutungen sind:

[x] Englische Wörter finden wir im normalen Leben, überall.
[x] Wir müssen Englisch können.
[x] Wenn viele Menschen das Lied hören und die CD kaufen, …

Seite 24

Aufgabe 1c

Zum Beispiel:
Englisch, Weltsprache

Seite 25

Aufgabe 5

A) *Viele Menschen sprechen Englisch.*
B) *Viele Menschen verstehen Englisch.*
C) *Viele Schüler lernen Englisch als Fremdsprache.*
D) *Viele Menschen sprechen Englisch bei Konferenzen.*

Aufgabe 6

Zum Beispiel:
Englisch ist eine Weltsprache, weil viele Menschen Englisch sprechen und verstehen.

Seite 26

Aufgabe 1 und 2

[1] *Englisch als Weltsprache*
[2] *Englisch als Muttersprache*
[3] *Englisch als Amtssprache*
[4] *Englisch als Fremdsprache*

Seite 27

Aufgabe 3

Die **Muttersprache** lernen viele Menschen in der Schule.

Die **Amtssprache** lernt man als erste Sprache.

Die **Fremdsprache** benutzen Menschen bei Behörden, in Schulbüchern oder im Fernsehen.

Gezielt fördern – Lesetraining 5/6

Lösungen

(noch zu Seite 27)

Aufgabe 4
Eine Lösung könnte sein:

Englisch als Muttersprache	Englisch als Amtssprache
Irland	Afrika
England	Indien

Aufgabe 5
Eine Lösung könnte sein:
Englisch ist für mich eine Fremdsprache, weil ich es in der Schule lerne.

Seite 28

Aufgabe 1
Es sind ☒ 8 Schals.

Seite 29

Aufgabe 3
Diese Zahlen fehlen: ☒ 5, ☒ 13, ☒ 24

Seite 30

Aufgabe 1b
☒ durch **Fettdruck**

Seite 31

Aufgabe 3
Zum Beispiel:
die Fledermäuse, keine Mäuse, verschiedene Arten

Aufgabe 5
Name: *die Zwergfledermaus*
Besonderheit: *besonders klein*

Aufgabe 6
Die richtigen Antworten sind:

☒ Fledermäuse sind verwandt mit dem Igel.

☒ Die Zwergfledermaus ist klein, wenn sie ihre Flügel zusammenfaltet.

Aufgabe 7
Fledermäuse haben ihren Namen wahrscheinlich daher, weil sie ähnlich aussehen wie Mäuse mit Flügeln.

Seite 32

Aufgabe 2
Zum Beispiel:
Schlupflöcher, Winterschlaf, fressen Insekten

Seite 33

Aufgabe 4b + c
Eine Lösung könnte sein:
Mücken, Fliegen, Käfer, Heuschrecken

Aufgabe 5
A) Fledermäuse suchen sich für den Winterschlaf *Schlupflöcher*.
B) Auch im Sommer suchen sie ruhige Schlafplätze, zum Beispiel hohle *Bäume* oder alte *Dachböden*.
C) Fledermäuse fressen Insekten, zum Beispiel *Mücken* oder *Fliegen*.
D) Es muss deshalb in der Nähe ihrer Schlupflöcher genügend *Insekten* geben.
E) Weil Fledermäuse viel Wasser trinken, brauchen sie *Teiche* oder *Bäche*.

Aufgabe 6
Diese Wörter hast du sicher eingekreist:
Schlupflöcher, ruhige Plätze, Insekten, Wasser

Seite 34

Aufgabe 2
☐1 *Schlafplätze fehlen*
☐2 *Wasser fehlt*
☐3 *Nahrung fehlt*

Gezielt fördern – Lesetraining 5/6

Seite 35

Aufgabe 4

Eine Lösung könnte sein:
3 Gift, töten, Insekten, weniger Nahrung, krank, sterben

Aufgabe 5

Die Menschen fällen Bäume.
Sie leiten das Wasser aus den Teichen und Bächen in den Boden.

Aufgabe 6

Eine Lösung könnte sein:
Fledermäuse sind eine bedrohte Tierart, weil die Menschen Bäume fällen. Dadurch fehlen Schlafplätze. Die Fledermäuse sind bedroht, weil die Menschen Bäche trockenlegen. Dadurch fehlt Wasser.

Seite 36

Aufgabe 1

Aufgabe 2

Es sind ⑨ Felder mit gleichen Abkürzungen.

Seite 38

Aufgabe 2

Die richtige Erklärung ist:

[X] Ein Kohlenbergwerk liegt tief unten in der Erde.

Seite 39

Aufgabe 5

Ich gehe nicht in die Schule,
denn ich muss Geld verdienen.

Wenn ich nach Hause komme,
gebe ich das Geld meiner Mutter.

Ich bin stolz, dass ich meiner Mutter
mit dem verdienten Geld helfe.

Aufgabe 6

Der Junge heißt Carlos.
Carlos muss Geld verdienen.
Er arbeitet in einem Kohlenbergwerk.
Carlos gibt das Geld seiner Mutter.

Seite 40

Aufgabe 2

① in der Teppichfabrik

② auf der Kakaoplantage

Seite 41

Aufgabe 3

211 Millionen: *Das sind mehr als zweieinhalbmal so viele Menschen wie in Deutschland leben.*

Aufgabe 5

das Kohlen|bergwerk   die Kinder|arbeit

die Kakao|plantage   die Teppich|fabrik

Aufgabe 6

Die richtigen Aussagen sind:

[X] Die Familien brauchen das Geld zum Leben.

[X] Die Kinder arbeiten in Teppichfabriken.

Gezielt fördern – Lesetraining 5/6

Lösungen

Seite 42

Aufgabe 1b

Zum Beispiel:
Das Thema ist Kinderarbeit auf der Erde.

Aufgabe 2

Die richtigen Antworten sind:

[x] eine Landkarte

[x] die Erde

[x] Säulen

Seite 43

Aufgabe 3

Asien, Lateinamerika, Afrika südlich der Sahara

Aufgabe 4

In Afrika müssen *26 von 100* Kindern arbeiten.
In Asien müssen *19 von 100* Kindern arbeiten.

Aufgabe 5

Die meisten Kinder von 100 müssen in Afrika südlich der Sahara arbeiten.

Aufgabe 6

Europa und Nordamerika werden nicht genannt, weil es dort fast keine Kinderarbeit gibt.

Seite 44

Aufgabe 2

Diese Wörter kommen zweimal vor:
mal, mit – auf, am – zwei, zum – der, dich – wem, wann – nie, nach – bis, bald – im, ihn – uns, und – sie, seid – hier, hoch

Seite 46

Aufgabe 2c

Der Supermarkt ist ein großes Geschäft. Dort finden wir beinahe alles, was wir brauchen. Das Spezialgeschäft ist ein kleines Geschäft. Dort kaufen wir nur bestimmte Dinge.

Seite 47

Aufgabe 3

A) *Wir kaufen fast jeden Tag etwas ein.*
B) *Wir kaufen in einem Supermarkt oder in einem Spezialgeschäft ein.*
C) *In einem Spezialgeschäft kaufen wir nur bestimmte Dinge ein, zum Beispiel Bücher, Sportschuhe oder Schmuck.*

Aufgabe 4

Eine Lösung könnte sein:
Der Text handelt vom Einkaufen und davon, dass wir heute nur noch wenige Dinge selbst machen.

Aufgabe 5

Eine Antwort könnte sein:
Früher machten die Menschen auf dem Land die Dinge selbst. Die Menschen in der Stadt kauften oder tauschten die Dinge auf dem Markt.

Seite 49

Aufgabe 1c

Eine Antwort könnte sein:
einkaufen, im Mittelalter, der Markt

Aufgabe 3

[1] *Früher auf dem Land*

[2] *Die Handwerker in der Stadt*

[3] *Die Händler oder Kaufleute*

Aufgabe 4c

Handwerker sind zum Beispiel *die Bäcker* oder *die Schuhmacher*.

Aufgabe 5

Die Kaufleute *kauften* und *verkauften* alle Sachen.

Ein anderes Wort für die Kaufleute:
die Händler

Gezielt fördern – Lesetraining 5/6

Seite 50

Aufgabe 6

Aufgabe 8
Die richtige Aussage ist:

[x] Die Handwerker kauften, was sie nicht selbst herstellen konnten.

Seite 51

Aufgabe 9b
Eine Lösung könnte sein:
Die Händler kauften und verkauften die Waren. Sie brachten aus fernen Ländern Gewürze, Öl und Seide mit.
Die Waren sammelten sie in Lagern.
Danach verkauften sie die Waren weiter.

Aufgabe 10
A) *die Menschen auf dem Land*
B) *die Handwerker*
C) *die Händler und Kaufleute*

Aufgabe 11
Aus Wachs machten die Menschen Kerzen.
Aus Holz machten die Menschen Tische.
Aus Getreide machten die Menschen Brote.
Aus Seide machten die Menschen Kleider.

Weitere Ideen sind:
Aus Fellen machten die Menschen Mäntel.
Aus Wolle machten die Menschen Pullover.

Seite 52

Aufgabe 1

Seite 54

Aufgabe 1 und 2
Eine Lösung könnte sein:
ein Junge, im Bad, macht sich schön, nennt sich Phil, ist verliebt

Seite 55

Aufgabe 6
Die richtigen Antworten sind:

[x] die kleine Schwester

[x] Philipp ist verliebt.

Seite 56

Aufgabe 2
Die richtigen Antworten sind:

[x] Philipp machte sich schick und ging ins Kino.

[x] Philipp war aufgeregt und rannte schnell zu mir.

Gezielt fördern – Lesetraining 5/6

Lösungen

Seite 57

Aufgabe 4
A) *Philipp* sagt zu *Mama*: „Sie ist eine blöde Ziege!"
B) *Philipp* sagt zu *Susie*: „Klar komme ich. Sofort."

Aufgabe 5
Philipp will Susie im Kino treffen. ☺
Philipp kommt vom Kino zurück. ☹
Susie ruft an. ☺

Aufgabe 7
*Philipp läuft sofort zum Telefon.
Er will sich gleich mit Susie treffen.*

Seite 58

Aufgabe 1
Es sind ⎡12⎤ Felder mit gleichen Autokennzeichen.

Aufgabe 2
Die fünf Wörter sind:
Benzin, Lenker, Reifen, Licht, Bremse

Seite 59

Aufgabe 4
Uwes kleine Schwester heißt *Ingrid*.

Seite 60

Aufgabe 1
*Zum Beispiel:
ein Junge, ein Mädchen, blaue und weiße Kleidungsstücke*

Aufgabe 3
☒ Die Geschichte erzählt von der Schule in Rumänien und Deutschland.

Seite 61

Aufgabe 4
Diese Aussagen sind richtig:
☒ Uwe ist mit seinen Eltern und seiner Schwester gekommen.
☒ In Rumänien musste Uwe eine Schuluniform tragen.
☒ Uwe hat die neue Lehrerin gern.

Diese Aussagen sind falsch:
☒ Uwe ist aus Polen gekommen.
☒ In Uwes neuer Klasse sind dreiundvierzig Schüler.

Seite 62

Aufgabe 1
Sie sagt: „Ich freue mich besonders über Uwes Diktat."

Aufgabe 2
*Eine Lösung könnte sein:
Frau Schmidt freut sich, weil Uwe nur wenige Fehler gemacht hat.*

Aufgabe 3
Diese Adjektive hast du sicher eingekreist:
glücklich, fröhlich

Seite 63

Aufgabe 4
Ingo fragt: „Warum unterschreibst du den Brief nicht?"

Aufgabe 5
*Eine Lösung könnte sein:
Uwe antwortet: „So ein Brief ist unhöflich. Meine Eltern schimpfen sicher. Und ich bekomme eine Strafe vom Lehrer."
Ingo sagt: „Du hast einfach Angst. Du bist ein Feigling."*